电话销售中的
成交技巧与拒绝处理

杨智伟◎著

民主与建设出版社

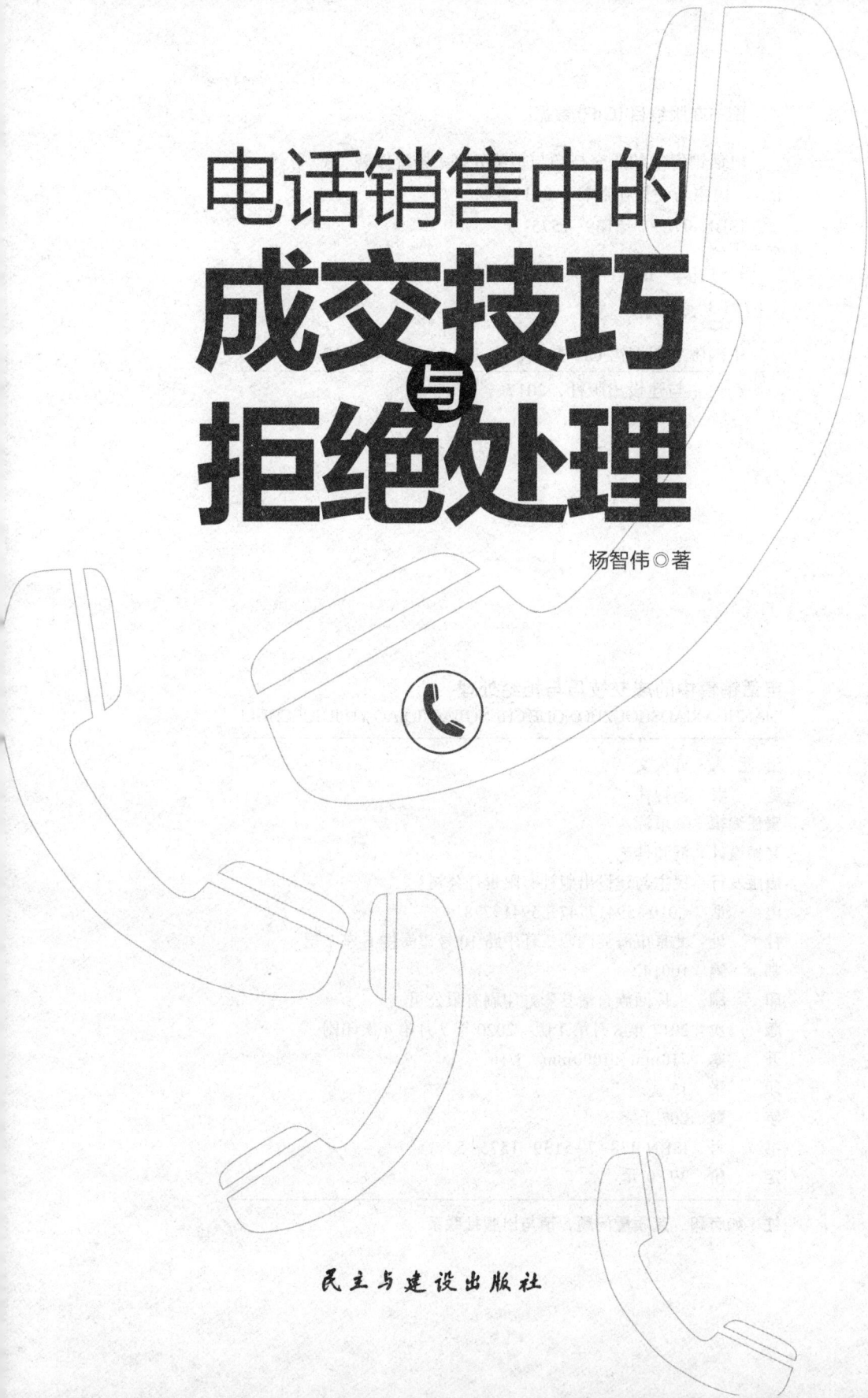

图书在版编目（CIP）数据

电话销售中的成交技巧与拒绝处理 / 杨智伟著 . —
北京：民主与建设出版社，2017.5
ISBN 978-7-5139-1575-5

Ⅰ . ①电… Ⅱ . ①杨… Ⅲ . ①销售 – 方法 Ⅳ .
①F713.3

中国版本图书馆 CIP 数据核字（2017）第 114552 号

© 民主与建设出版社，2017

电话销售中的成交技巧与拒绝处理
DIANHUAXIAOSHOUZHONGDE CHENGJIAOJIQIAO YU JUJUECHULI

出 版 人	许久文	
著　　者	杨智伟	
责任编辑	韩增标	
装帧设计	润和佳艺	
出版发行	民主与建设出版社有限责任公司	
电　　话	（010）59417747　59419778	
社　　址	北京市海淀区西三环中路 10 号望海楼 E 座 7 层	
邮　　编	100142	
印　　刷	大厂回族自治县彩虹印刷有限公司	
版　　次	2017 年 8 月第 1 版　2020 年 7 月第 4 次印刷	
开　　本	710mm×1000mm　1/16	
印　　张	15	
字　　数	207 千字	
书　　号	ISBN 978-7-5139-1575-5	
定　　价	39.80 元	

注：如有印、装质量问题，请与出版社联系。

一部电话打天下

我曾经到过一些城市的招聘会进行走访，也在一些人才招聘网站上进行过调研，在不同的招聘求职平台上，我发现有个职位长年显示旺盛的需求量，那就是电话销售。说实话，作为一个从电话销售领域摸爬滚打出来的人而言，电话销售在我的成长中发挥了不可磨灭的作用。

总的来说，踏入电话销售领域的人，有着不同的原因。有的人是为了"骑驴找马"，先在一个城市里立足下来，然后再想办法"高就"；有的人是发自内心地喜爱电话销售，喜欢和他人在电话里沟通，以前打电话担心花电话费，做了电话销售后，可以可着劲儿地打电话，过足电话瘾；有的人是为了挑战自己的掘金潜力，因为你若真能胜任电话销售的工作，我可以负责任地告诉你，电话销售真的是一份"多金"的工作，收入水平是比较高的；还有的人是感慨于自身软硬件资质（如学历、专业技术能力）略为不足，姑且干起了电话销售……

虽然每个人选择做电话销售的初衷有所不同，但是只要你在电话销售领域勤勤恳恳地耕耘，一样会有令你惊喜的收获。我当初选择做电话销售，是感叹于个人能力和价值不能充分地发挥，于是辞掉了工作，来到一场招聘会，一家公司的HR很友善，长得很甜美，声音很温柔，举止落落大方，一下子就把我吸引了过去。您别误会，本人没有其他"不良"动机，爱美之心，人皆有之，相信您到一家公司工作，也可能会有这样的吸引力因素吧。多年后，我一直认为：代表一个公司形象的，更关键的还是人；硬件再升级，也代替不了人的因素。就这样，凭着对HR的好感，以及对这家公司的信任，我来到了这家公司，一干就是十几年，起初的职位是"电话销售"。

应该说，与传统的销售方式相比，电话销售不但成本低、效率高，而且可以与客户不断巩固彼此的关系，不会像很多传统销售那样，"一手交钱一手交货"后，彼此"分道扬镳"，甚至"老死不相往来"。电话销售在成交之后，还可以隔三岔五地给客户打个电话、发个邮件，以及在微信里问候一下，保持联络。我记得刚从事电话销售这个行业时，公司规定每天至少拨打100通电话。

可以说，电话销售是一份实战性非常强的工作，如果你没有充足的理论知识积累和实践锤炼，哪怕你在心里对自己说无数遍"管好自己的嘴，让自己把话说好"，可一到通过电话与客户接触时，你的语气、语调、语速、语言表达、声音等还是不能进入自己理想的状态。实际上，在我从事电话销售工作的头一个月里，我累计打了2000多个电话，权当是自己练手了。当时的电话资料，一部分是公司提供的，还有一部分是自己在互联网上搜索的，还有一些是参加同行聚会时，资源共享得来的。

通过第一个月的大量电话销售实践，在反复总结与尝试中，我发现自己打电话时的反应能力、沟通能力明显提高，对电话销售多少有了些认识，也出了一些小订单。同时，我在给客户打电话时，长期坚持一个原则，那就是与人为善。只有这样，或许你本次通电话时，没有说完要说的话，那么下次你再和客户联系时，还有补充的机会。如果你不能做到与人为善，那么客户下次接到你的电话，十有八九会毫不犹豫地挂断。由此，我认为，新入行的电话销售同行们，或许能力难以在短期内快速提高，但是一定要端正态度，与人为善，这样才能给自己机会。

回想从事电话销售这么多年，我在这个领域获得过一些荣誉，也在完成与刷新着自己对财富和人生价值的目标。与此同时，我也看到越来越多加入电话销售领域的年轻朋友，由于他们缺乏必要的理论素养和实践指导，在电话销售领域走了很多弯路，甚至频繁地换工作。基于此，我觉得有必要总结自己十多年来的工作历程，从而给进入电话销售领域的朋友力所能及的帮助，帮助电话销售者提升业绩，同时也能推动公司销售额的增长。

就目前而言，电话销售已经成为许多企业的主要销售模式之一，但从客户的角度来说，还有许多人对这种销售行为不是很习惯，甚至会产生反感情绪，这就要求电话销售人员必须讲究电话销售的方法与技巧。我们以世界知名企业微软公司为例，他们的电话销售是积极帮助客户解决工作中存在的一些问题，提高他们的工作效率，这项业务很快得到客户的认可，并迅速开展起来。

电话销售作为一种销售模式，本质是为客户提供有价值的服务，起码可以传递有益的信息。在生活中，我经常看到一些客户生硬甚至粗鲁地拒绝打给他电话的销售人员。客户的这种行为固然存在不妥之处，但是销售人员首先要从自身找原因。比如，我曾经在高速公路上开车时，看到一个陌生电话打过来，由于不便接听，又不想长时间地听到电话铃声，便将电话挂断；然而，一直到我在服务区停车，这个电话累计给我打了十几次，当我终于可以接听电话时，才知道对方是做推销的。

出于对同行的尊重，我婉转地拒绝了，因为对方推销的产品并不是我当下需要的产品。若是换成普通的客户，恐怕就要把这种打电话行为界定为"骚扰"了，又如何不让人对电话销售产生反感？

因此，做电话销售一定要懂得尊重人与换位思考。不懂得尊重人与换位思考的人，往往是不适合从事电话销售工作的。这是因为，电话销售的过程就是一个沟通的过程，如果我们做不到尊重与换位思考，客户在接到我们的电话时就会产生不快，这就直接影响了客户与我们交流的兴趣。在现实中，我常听到人们谈论如何促进成交、规避客户的拒绝，可以说，从自身做起，事情才能有实质的改善。

在这个社会上，"沟通"是人的一项基本需求，也蕴含了巨大的财富。想想看，有多少企业正是因为满足了人们的沟通需求，才实现了巨大的价值，比如中国移动、中国联通、中国电信，以及腾讯QQ、微信等，都是基于为人们提供了出色的沟通需求解决方案，而获得了飞跃式的发展。同样，电话销售就是在沟通中发掘需求，创造价值。如今，打天下已不再是靠拳头，而是比服务，因此做好电话销售服务，你就可以"一部电话打天下"。

与其他工作相比，电话销售人员往往要承担一定的销售指标，需要面临绩效考核以及"业绩末位淘汰制"。基于此，电话销售人员往往是在很大压力之下工作的。所以，从事电话销售工作的朋友，不管你原先的心理抗压能力如何，通过电话销售工作的锤炼，你的心理承受能力都会有不同程度地增强。

本书从销售实战的角度出发，深入浅出、系统详尽地剖析电话销售中如何有效实现成交和处理客户的拒绝，从而提升电话销售从业者的开单能力。全书共分3篇，总计12章，书中内在体系逻辑严谨，用语自然亲切，融入了大量实战案例，堪称从事销售、咨询、推广等业务的人员的必读佳品。

俗话说"三百六十行，行行出状元"，只要你按照本书中讲的方法努力训练自己，而且持之以恒，一定可以成为电话销售行业里的佼佼者。

上篇 如何提高成交率

如何提高成交率

◆ 做电话销售要懂点销售心理学

◆ 15秒内"黏住"客户

◆ 销售80%靠耳朵，20%靠嘴巴

◆ 掌握成交法则，让客户非买不可

第一章
做电话销售要懂点销售心理学

　　在电话销售中，电话线的两端分别是销售人员和客户，中间的销售活动则是心与心的交流，因此，电话销售人员要打的是一场"心理战"。做电话销售若不懂心理学，就如人在茫茫的黑夜里行走，假如只靠误打误撞，显然难有胜算的把握。

　　实际上，在电话销售过程中，客户的心理活动是不断变化的，谁更了解与洞悉客户的心理及表现形式，谁就更易于在竞争中胜出。我们知道，人是一种情感动物，销售人员只有把握住客户的心理变化，并做出积极有效的回应，做起销售工作来才会如鱼得水。因此，做电话销售，不能不懂点销售心理学。

客户的6个问题你必须懂

在现实生活中，相信不少人都接到过陌生推销电话，诸如"您好，先生/小姐，请问某处的房子考虑吗"（销售房产），抑或"我们新推出的保险理财产品，您需要了解吗"等。在这些推销电话中，应该说不乏成交的，更不乏让客户一听就不耐烦地挂断电话的。

更有甚者，我还曾见到，有些销售人员竟然在电话里与客户吵架，甚至"对撕"起来，"看谁说话更狠"。说实话，作为销售人员，我们要明白"和气生财"的道理，如果客户实在不需要我们推销的产品和服务，大不了与客户礼貌道别，给客户留个好印象，以后客户有需求了或许还会记起你，因此绝不应该在电话里跟客户"对撕"，其结果只会有一个败者，那就是电话销售人员，因为得罪客户，相当于堵塞了自己的"财路"和晋升的"官路"。

好了，闲言少叙，言归正传，多上"干货"——在销售中，"换位思考"很重要，对于从事电销（"电话销售"的简称）这一行的朋友来说，在我们给客户打电话之前，一定要能主动站在客户的角度上思考几个问题，这样的话，才能快速高效地打消客户的顾虑。

这就好比，当我们接到陌生电话时，你是否会对这通陌生电话产生几个疑问？答案是肯定的。比如，你起码想知道是谁给自己打来的电话，给自己打电话有什么事情。常有些刚入行的电销朋友抱怨"现在做电销真难，打10

个电话，起码有8个电话让客户匆匆挂断"。

其实，电销人员在给客户打电话时，不管你是否周密地考虑过，你总是要能够回答客户的若干问题，才能有效地化解客户的顾虑，增进客户对你的了解，从而多向客户传递有价值的信息。在此，我们站在客户的角度，归纳了销售人员必须要能够回答的6个问题：

1. 你是谁

千万不要小看这个问题。举例来说，你可能会轻易挂断一个陌生人的电话，但如果是你的一个好朋友打来的电话，你会轻易挂断吗？再进一步说，对于一个单身男士而言，倘若是著名女星林志玲用娇滴滴的声音给你打来的电话，你会匆忙挂断吗？相信肯定不会，甚至可能为了获得林志玲的好感，赶紧买下她推荐给你的东西。由此可见，恰如其分、巧妙地回答客户"你是谁"，对于在第一时间吸引客户的注意力起着重要的作用。

2. 你要跟我介绍什么

假定客户知道你是谁了，那么你破费电话费给客户打电话，一定不仅仅是做自我介绍吧，肯定是要给客户带来什么好消息。对此，我在实际工作中发现，有些销售人员认为在某个时期内，客户对一些产品敏感，如保险产品，就在电话里拐弯抹角地说"理财产品"，客户确认是否是"保险产品"，销售人员又如"大姑娘坐轿头一回"那样扭扭捏捏地不愿大方承认，结果客户判断出是保险产品，发现销售人员又介绍得含糊其辞，误以为其中有"猫腻"，便干脆地挂了电话。在此，我建议，销售人员在打电话时，说话要大方得体，切忌吞吞吐吐，要简明扼要地告诉客户你打来电话的事由，这在某种程度上也是节省客户的时间，总之，不要"挑战"客户的耐心极限。

3. 你介绍的产品或服务对我有什么好处

由于电话销售已经成为很多公司推销产品和服务的重要方式，不少人每天接到多个销售电话已属常态。举例来说，我曾经"不小心"把手机号留给了一位地产销售人员，结果我的手机号迅速被"共享"，有时一天之内接到推销房产的电话达到几十个,再加上我对每个电话逐一"安抚",使我不折不扣地成了"接电话专业户"。其实,很多客户也有过类似的体验。

在这种情况下,如果电销人员能够快速地告知这些产品或服务能给客户确切地带来哪些好处,显然会更加有利于吸引客户的注意力。比如说,一位地产销售人员曾经在电话里告诉我,到项目(楼盘)现场,可以享受打折,而且不管是否买房,均有精美礼品赠送。我听闻后,当场决定和朋友一同前去,领了一份小礼品,"不亦乐乎"。由此可见,在电话里清晰地告知产品或服务给客户带来的好处,能够有效地激发客户下一步购买或尝试的动力。

4. 如何证明你介绍的是真实的

在电话里,双方毕竟互相看不见,俗话说"眼见为实",如何才能让客户相信你说的是真的,而非忽悠呢?这就需要我们跟客户建立信任度。我们知道,在职场,一个身穿正装且穿着得体的职员更容易赢得客户的信赖,在建立起了信任度的基础上,你所说的话,也会具备一定的公信力;同样,在电话销售过程里,也要让自己变得专业和职业化起来,不要向顾客传递出非专业的声音,这样的话,客户听你说得"有鼻子有眼儿"的,就会认为你这个人靠谱,自然也会觉得你说的话也比较靠谱。

5. 为什么我要跟你买

在市场经济时代,竞争可谓无处不在。我曾经有位朋友,好不容易说服客户购买产品了,结果客户却从竞争对手那里购买了。原来,竞争对手那里的一个销售人员对客户跟得更紧,甜言蜜语几乎天天不断,就在我的那位朋友觉得客户签单没问题而有所放松时,客户告知他刚刚购买,而且获得了相应的赠品。其实,这些赠品,我的那位朋友也可以帮客户弄到,只是比竞争对手晚说了一天而已,结果成交格局就改变了。可见,要打动客户从你这里购买,而不是从其他销售渠道购买,就得及时给客户提供足够的理由。

6. 为什么我要现在跟你买

经过你苦口婆心地开导和劝说，客户发现的确需要购买，但是需求有轻重缓急之分，如果客户觉得当下还不着急用，以后买也行，那么夜长梦多，时间越长，你成交的不确定性就会越多。因此，你要尽可能缩短"战线"，促使客户早做购买决定。当然，这里面是有很多技巧的。对此，我们会在后面的章节进行详细介绍，请读者朋友耐心阅读。

让你失去客户的8个"不小心"

销售是一门大学问，与客户沟通有着很高的艺术性。不少销售人员前期在与客户沟通时，感觉进展很顺利，签单也好似问题不大，可结果总是与成交失之交臂。俗话说："水是有源的，树是有根的，失败和成功都是有原因的。"如果用心梳理，我们就会发现，销售人员的每次成功与失败都可以寻根溯源。在这里，我们重点来看造成电销人员失去客户的8个"不小心"。

1. 太强势，咄咄逼人

我曾经接到一些销售人员的电话，通话一开始就不容我插嘴，对方自顾自地讲起来；我一看时间，不知不觉都过去了将近四分钟，于是只得在电话里回应："拜托，老弟！我也是做电销的，哪有你这样给客户打电话的，不把客户气急、烦躁挂你电话才怪。在正常的电话交往中，一定要有彼此回应，不要只顾自己'一吐为快'哦！"

诚然，我们在实际工作中，讲究"狼性"精神，提倡进取心，但是不能过于强势。你要明白，决定沟通效果的不是你一个人，而是你与客户合作的结果。在电话里过于强势，甚至咄咄逼人，只会让客户"惹不起躲得起"，挂断你的电话，不和你说话总可以吧，这样的话，就意味着你这通电话打得很失败。

2. 不真诚，不在意客户的需求和感受，被拒后立即冷脸对人

人与人之间的交往，最大的智慧是真诚，一旦缺乏了真诚，任何技巧都

难以从根本上起作用。或许有人靠一时的"坑蒙拐骗"获取了订单，但在当今互联网时代下，坏口碑会像瘟疫一样快速扩散，你的"不靠谱"口碑所带来的损失一定会大于你的一时所得。

一般来说，销售人员要想真正赢得客户的理解和支持，需要以真诚做支撑，要诚心诚意地对待客户。此外，还有些销售人员，在刚开始的时候还与客户聊得挺"嗨"，但在得知客户拒绝购买时，就马上翻脸，甚至与客户恶语相向。作为电销人员，要切记这种行为是应该规避的。

3. 太喜欢操纵客户，一副"我比你更懂你"的姿态

近些年来，销售界日益流行起"比客户更懂客户"的说法，包括开发客户的潜在需求等。这固然有助于提升销售人员工作的主动性和积极性，但销售人员若以此为据，仿佛自己最了解客户的真实需求，摆出一副"专家"姿态，试图将客户"玩弄于股掌"，这种行为最终很可能会导致客户反感，并使沟通中断。

4. 急于告诉客户"这都是你要的"

有些销售人员在向客户推销产品时，不懂得循循善诱、因势利导，开门见山就想告诉客户"你要买下这些东西，否则你会后悔"。这种做法的缺陷，往往是忽略了前期的铺垫，比如引起客户购买意愿与决策行为的，往往是与客户相应的"痛点"紧密相连的。

举例来说，假如你是个保险销售人员，你打电话给客户时，逐步了解到客户是家里的经济顶梁柱，全家经济来源几乎都靠客户一个人，这时，客户若有不测，其家庭经济必然会面临危机，客户同样也有此顾虑。针对这种情况，你为客户推荐意外伤害商业保险等险种，就可以在一定程度上增强客户的抗风险能力。这样的话，即便你不说"这些都是你需要的"，客户也会心生购买意愿。

5. 不善倾听与询问

一个出色的销售高手，在沟通中一定是善于倾听和询问的。电话沟通不同于当面沟通，我们无法查看客户的表情变化，只有通过客户的语气、谈话

内容等来获悉客户的实际情况。因此，电销人员务必要善于倾听，会有效提问，这样才能让客户与你的通话有一个愉快的过程。

6. 专业性不够，方案表达不清晰

在职场中，那些穿着正装的人，往往更容易给人职场"公信力"的感觉。同样，在电话销售中，我们一定要调整好自己的说话方式，迅速进入工作状态，显示出专业度。我曾经见过有些电销人员给客户打电话时，嘴里一边嚼着口香糖，一边和客户说话，或者一边喝水，一边说话等，这都是缺乏专业度的表现，是应该规避的。

7. 功利心太明显，只把客户当"钱包"，对客户的个人情况完全不了解

销售人员在与客户交往时，不应只将客户视为"钱包"，要清晰地认识到销售是一项服务，要想做好销售服务，首先要做出有价值的劳动，再考虑回报。如果销售人员让客户感受不到关心，反倒让客户感到自己只是销售人员赚钱的"工具"，其结果定会让客户敬而远之。所以，销售人员希望获得更多的提成收入无可厚非，但是在与客户打交道时，就要定下心来，认认真真地为客户做好服务。

8. 毅力不足，努力了一点就放弃了

在很多时候，销售工作需要足够的毅力和坚持。这是因为，在实际工作中，很少有人打过去一次电话就能促使客户成交的，更多的是多轮沟通，才实现成交。因此，销售人员要重视积累，要懂得水滴石穿靠的就是一份执着。

曾经有一位理财顾问，在电话里询问我是否购买某款理财产品。出于礼貌，我客气地回绝了。但是对方并未放弃，还加我为微信好友，平时以及逢年过节都常嘘寒问暖，这一坚持就是三年多。后来为着这份毅力，我从这位理财顾问那里购买了1万元的理财产品，最终也的确获得了一定的收益。通过这件事，我意识到，每一位选择销售事业的朋友，都应有一个长远的规划，这会激励你持续努力，坚持不懈，最终被客户认可，被市场认可。

你知道客户心里想要的是什么吗

在实际生活中,绝大部分人在接到销售电话时都会表示"没有需求"。那么,作为销售人员,我们该如何解读客户这样的说辞呢?一般情况下,客户说自己"没有需求",往往基于7个原因,它们分别是:

(1)销售人员没有找到合适的关键人。举例来说,曾经有个培训机构打电话到前台,询问是否需要企业内训,前台工作人员回答"不需要",此时人力资源部的一位负责人正好路过,顺便接过电话,最后与该培训机构签订了合作协议。可见,我们有时听到客户说"没有需求",可能是因为表示"没需求"的人不是我们要找的真正客户。

(2)缺乏信任感,如果客户对销售人员缺乏信任,那么对于销售人员的询问,客户很可能会表现得很淡漠。

(3)客户正在使用竞争对手的产品,并感到满意。

(4)客户认为没有必要改变现状。

(5)客户觉得现状需要改变,却不知该如何改变。

(6)客户不相信有什么产品可以改变现状。

(7)销售人员把握不住客户的需求。

通过上面的分析,我们知道了客户平时喜欢说"没有需求"的原因。那么,客户心里真正想要的是什么呢?我们根据对客户心理的长期跟踪式研究,将这个问题的答案大致总结如下:

1. 客户渴望受重视

渴望受重视是人们的一种普遍性心理。俗话说"客户就是上帝"，站在销售人员的角度，强调了销售人员务必要重视客户；站在客户的角度来看，绝大部分客户希望销售人员视其为"上帝"，因为客户满意与否，直接关系到销售人员能否签单。因此，客户普遍希望受到销售人员的重视。

在生活中，面对客户的提问，如果销售人员及时得体地答复，表现出对客户的尊重和重视，会有助于提升客户的好感，并刺激客户下一步的购买举动；假如销售人员对客户爱理不理、置若罔闻，这些不重视客户的表现，会弱化客户的购买兴趣，更不利于成交。

2. 客户渴望被欣赏

在人际交往中有个说法，即"男人要捧，女人要哄"，这揭示了人们的一种共同心理，即渴望获得欣赏。在销售过程中，客户也都希望获得销售人员的认可与欣赏，比如，销售人员可以赞美客户拥有优越的工作平台，在学历方面的优势等。当客户感受到销售人员的欣赏时，才有利于提升客户对销售人员的好感。

3. 客户追求成功感

销售的过程，是客户筛选需求以及满足其需求的过程。基于此，销售人员不能仅仅将销售视为"出单"，更应将销售活动视为合理满足客户需求的过程。在这方面，销售人员可以适当营造一种氛围，使客户认为自己原先的购买计划获得了成功的实施。因此，销售人员更应主动让客户感到"赢"了。

4. 客户想被倾听和理解

在销售过程中，通常客户会与销售人员进行多番交流。销售人员要用心倾听客户的谈话，适当予以回应，表示清楚地理解了客户的想法，这有利于提升沟通的有效性。

5. 客户在购买前必须感觉"值得"

实际上，客户在每次购买前，总会分析购买"值不值得"。假如客户感觉"值得"，购买信心就会增强；假如客户感觉"不值得"，购买动力就会弱化。

6. 客户根据情绪购买，但逻辑上为自己辩护

实际上，客户在决定成交时，往往出于主观因素，如情绪因素。尽管如此，但几乎没有客户愿意向销售人员承认自己是"情绪式购买"，而是想证明自己是一个"理性消费"的人。基于此，销售人员可以适当肯定客户做出的主观分析，以强化客户的逻辑分析非常在理。

7. 客户的注意力持续时间很短

一般情况下，一个人的注意力持续时间不会超过10分钟，在电话销售中，销售人员吸引客户注意力所用的时间通常更短。假如销售人员很快激发起客户的注意力，就会有利于促使客户产生兴趣；假如没有激发起客户的注意力，客户接下来就会选择挂断电话。

8. 客户想听你说真心话

销售中通常流行"见人说人话，见鬼说鬼话"，但不管说什么话，要想打动客户，就离不开说真心话。实际上，再华丽的辞藻也没有真心话有魅力。基于此，销售人员要重视给客户说掏心窝的话，这样会让客户感觉到销售人员是在推心置腹，并不仅仅是在单纯地卖产品。

9. 客户想要教你一些东西

每个人在潜意识里都有表现欲，客户也不例外。因此，销售人员若能有效地激发客户谈论自己的强项，并甘心做客户的"学生"，就会在一定程度上满足客户的表现欲，还会改善客户对销售人员的印象。

销售必知的8大攻心术

俗话说"言为心声""话是开心锁",销售的过程,其实就是智慧与心理交流的过程。我们常发现,有些销售人员说出来的话,总能对客户产生很强的吸引力,对销售起到良好的效果;还有些销售人员说的话,却让客户无动于衷,甚至令客户反感。那么,销售人员怎样说话,才能打开客户的心扉,让客户愿意听呢?我们来看下面的8个销售攻心术。

1. 黄金准则:喜欢别人怎样对待你,你就怎样对待别人

我经常听到一些销售人员抱怨客户对待自己太粗暴,总是没有耐心听自己讲完话就挂断。在这之中,销售人员需要考虑一个问题:你是否真心地对待客户?我曾接到一些销售人员的电话,几乎一接通电话就喋喋不休地介绍产品,从某种程度上来说,销售人员是在采用一种简单粗暴的方式向客户灌输产品广告,这种情况下,你又怎能要求客户像朋友一样听你讲完呢?所以,销售人员首先应该树立起一种信念,那就是"善待客户",只有这样,才可能被客户善待。

2. 为帮助客户而销售,不为提成而销售

销售的本质是什么?关于这个问题,我曾经听到过很多销售人员给出了不同的回答。总的来说,不少人认为销售就是"卖出东西"。诚然,销售必须讲究业绩、销量,但是销售的本质更是一种对客户有益的服务。比如说,客户原先不了解某种产品,销售人员通过讲解和演示开阔了客户的产品视

野，给客户的生活带来更大的便利等，都是在为客户提供一种服务。所以，销售人员通过销售获得提成固然重要，但是更要能为客户带来有益的帮助，这将更有利于促进成交，甚至为你带来长期客户。

3. 用逻辑思考，用感情行动

一个出色的销售人员，往往有着缜密的逻辑思维能力，从而能做好每一个细节。在具体落实的时候，考虑到销售的过程中常伴随客户的喜好，因此，销售人员与客户的交往要充满感情，而非冷冰冰的"钱货交易"关系。应该说，那些心思缜密又有人情味的销售人员更能获得客户的好感。

4. 礼节、仪表、谈吐和举止是印象的关键来源

人与人的交往少不了礼节，正如我国儒家先贤孔子所说"不知礼，无以立"。在人际交往中，我们对一个人的印象，通常与这个人的礼节、仪表、谈吐和举止有着直接关系，同时也作为我们判断一个人修养程度的重要标尺。为了在客户面前展示我们良好的修养，我们要注重礼节、仪表，做到谈吐和举止得体、适当。

5. 销售前奉承不如销售后服务

有句话说得好，"客户就是上帝"，的确，销售人员能否挣到足够的销售佣金，以及在销售领域的发展如何，几乎取决于客户对你的认可与否。不少销售人员在售前几乎"极尽奉承之能事"，但是售后却立即减少甚至不与客户联系，让客户有种"过河拆桥"的感觉，长此以往，对销售人员的口碑积累十分不利。为此，销售人员不仅要在售前为客户服务好，在售后也应与客户保持适当而必要的联系，让客户感到你是一个负责任的销售人员。这样的话，也有利于借助客户的口碑，为你带来更多的客户。

6. 信用是最大的本钱，人格是最大的资产

在现实中，有些销售人员为了尽快成交，不惜向客户做出一些无法兑现的承诺，结果失信于客户。应该说，信用是一个人人格体系中的重要组成部分。没有哪个客户愿意与一个不讲信用的销售人员打交道。因此，销售人员要谨慎承诺，诚实守信，向客户传递你靠得住的人格魅力。

7. 善听比善说更重要

在销售过程中，销售人员需要不断地挖掘客户的潜在需求。为此，销售人员一定要善于倾听，听出客户内心真实的想法，从而有效打消客户的购买疑虑。可以说，每个优秀的销售人员都具备出色的倾听能力。

8. 禁果效应：你越不想卖，客户越偏想买

我经常听到一些销售人员不厌其烦地劝客户赶紧购买，然而，客户像是吃了定心丸一样不为所动；有的时候，客户告知销售人员"暂不接受"预订时，客户反倒充满了期待，这里面涉及人的"禁果"心理。基于此，销售人员如果适当给客户设置购买的"门槛"和难度，就能在一定程度上激发客户的购买欲。

卡耐基的4项销售原则

卡耐基，全名戴尔·卡耐基，被称为"美国现代成人教育之父"，是美国著名的人际关系学大师，还是现代西方人际关系教育的奠基人，被誉为"20世纪最伟大的心灵导师"。卡耐基利用普通人不断努力取得成功的一系列故事，通过演讲和书籍唤起无数人的斗志，并激励他们最终取得成功。卡耐基在1936年出版的著作《人性的弱点》也始终被人们视为提升社交技巧的经典书籍之一。

我们知道，销售的过程实际上也是人际交往的过程，销售人员尤其要注重社交技能的学习与提升。因此，卡耐基在社交技能方面的论述，给众多销售人员带来了十分有益的借鉴。我们结合卡耐基在人际社交方面的阐述，归纳出在销售中应该遵循的4项原则：

1. 真诚地从客户的角度了解一切

在电话销售中，我们不要总是站在销售者的角度看问题，更要懂得站在客户的角度看待问题。这是因为，当客户对成交有疑虑时，成交就会难以达成；当我们有效地解决了客户的疑虑时，成交就是水到渠成的事情。所以，我们要真诚地从客户的角度审视问题、解决问题，从而为成交铺平道路。

2. 很快地谈论客户感兴趣的话题

在工作中，有些电话销售人员仿佛有种特殊的"魔力"，电话一打过去，很快就能引起客户的兴趣；有些销售人员电话打过去后，没有在最短的时间内把握住客户的兴趣，结果让客户感觉索然无味而结束了通话。

这就好比我们在观看一场演出时，如果表演者迟迟没有激动人心的表演，观众就会渐渐失去兴趣；如果表演者一开始就"甩个包袱"，吊起观众的"胃口"，观众就会兴趣大增。

同样，在销售过程中，我们要主动、快速地谈及客户感兴趣的话题，这样才有利于迅速同客户找到共同的话题。因此，电话销售人员要能够快速地发掘客户的兴趣，快速地谈论客户感兴趣的话题，为接下来的沟通做好铺垫。

3. 主动了解如何满足客户的需求

销售人员在与客户沟通时，要能够有效地挖掘客户的需求，从而有利于引导沟通向着成交发展。同时，销售人员在掌握了客户足够的需求信息后，还要考虑怎样才能更好地满足客户的需求。

4. 给予对方足够的信息，提供解决办法

很多时候，销售人员看好的一种产品，客户却表现淡漠，关键在于客户对产品的相关信息不够了解。对此，销售人员要能够主动为客户提供足够的信息，必要时为客户提供建设性意见。比如，我的一个朋友曾经想购买刚需房。一天，他接到一个房产销售人员的电话，获悉某楼盘正在开盘销售，价格还不是很高。尽管如此，我的这位朋友还是感觉经济实力有些承受不起，这时，销售人员主动询问了他的一些情况，然后告知他可以办理购房贷款。接下来，在那位房产销售人员的帮助下，我的这位朋友顺利地按揭买了房，那位销售人员也获得了相应的销售业绩。

总的来说，上述4项原则，销售人员要用心领悟，这不仅有利于我们销售工作的开展，也有利于改进我们的人际交往。

学会心理学，掌控销售主动权

销售是一门技术，也是一门艺术。销售中有很多技巧，我们不仅要多总结技巧，更要把握销售之道，从而更好地指导我们的销售工作。为此，我们要努力揣摩与掌握销售心理学，从而真正地掌控销售过程。

举例来说，在销售心理学方面，我们需要了解：客户要的不是便宜，而是感到占了便宜；不要与客户争论价格，而要与客户讨论价值；没有不对的客户，只有不好的服务；卖什么不重要，重要的是怎么卖；没有最好的产品，只有最合适的产品；没有卖不出的货，只有卖不出货的人；成功不是运气，而是因为有方法。

比如，客户问："你们和甲企业比较有什么优势？"此时，如果你单方面滔滔不绝地讲起来，你的话未必能让客户信服。如果你反问客户："您这样问，肯定是了解过甲企业的产品，那么您觉得，甲企业的产品在哪些方面让您最满意？为什么？"倘若客户说出了甲企业的产品的某些功能，你就可以淡定地说："我非常理解，这几个功能我们也同时具备，也能很好地满足您的需求。除此之外，我们还有一些功能……"这样的话，你的言辞就会有据有理有力。其实，这些沟通都融入了销售心理学方面的常识。

另外，在销售过程中，销售人员与客户的交流，怎样才算是最好的说服呢？这通常要考虑以下几个因素：

（1）要详细了解对方的情况，做足功课。

（2）要基于客户的需求展开，围绕客户的兴趣进行。

（3）要尊重客户的习惯与风俗。

（4）不要急着改变客户，要循序渐进。

（5）要适当地提供建议，由客户来决策。

（6）要保持沟通过程中的轻松气氛。

（7）增强沟通谈话的趣味性，满足客户一定的成就感。

（8）要预先备好方案。

此外，销售人员要注重销售跟进，正如有句话所说"销售不跟踪，最终一场空"。据美国专业营销人员协会报告显示，80%的销售是在第4～11次跟踪后完成的。那么，如何做好跟踪与互动呢？通常来说，销售人员要以特殊的跟踪和互动方式来加深印象，比如发短信、电子邮件等；同时还要注意两次跟踪的间隔，一般以2～3周为宜；在每次跟踪时，不要显露出急切成交的愿望，而是要适当地表示与客户分享产品的最新信息等。

我们以发短信为例，有时，销售人员看到客户对自己的短信总是没有回复，这时，请不要灰心，实际上，客户非常在意你的关心或问候短信，相反会对你不能坚持发短信表示失望。很多情况下，客户愿意花"大钱"购买，但是你一定要把细节做好。

总的来说，掌握了销售心理学，相当于掌握了销售之道。作为一个优秀的销售人员，我们的工作就是要从心理学角度出发，让客户更好地明白：购买我们的产品或服务能获得快乐或更多的价值，同时消除他们认为购买产品或服务可能遇到的风险或损失。实际上，熟知销售心理学的人都清楚，客户基于某种需求而购买，而需求往往与某种感觉有着密切联系，客户买的永远是一种感觉，产品或服务则是满足这种感觉的载体。我们关键是要确切地捕捉到这种感觉，并且满足客户的这种感觉。

第二章
15秒内 "黏住" 客户

在实际工作中，很多电话销售人员开口还没说上10秒，就被客户挂掉电话；而有些电话销售人员，几乎却可以"秒杀"客户，让客户接住电话就不舍得放下。

可以说，练好开场白，是电话销售人员开展下一步销售工作的必要前提。试想，你的电话刚拨过去就被草草挂断，那么，你准备得再好的"说服术"也派不上用场了。现在的推销电话可谓形形色色，客户每天接触到的产品信息也堪称"海量"，如何在一开始的时候就吸引住客户，已经变得非常重要。

一开口就让客户的好奇心爆棚

在很多影视剧中，都会设置"悬念"，这种"悬念"会使观众产生好奇心，并形成浓厚的兴趣，进而不断地想要获悉接下来的结局。关于好奇心，"百科全书"的解释是，好奇心是个体遇到新奇事物或处在新的外界条件下所产生的注意、操作、提问的心理倾向。简而言之，新鲜、奇特的东西或事物更有利于激发人的好奇心。

电话销售人员每天都要打很多推销电话，如何在电话沟通开始的前15秒内激发客户的兴趣，让客户愿意在电话里与你交流，这是电话销售取得成功的最基本前提。如果你打出去的电话根本不能引起客户的兴趣，那么你接下来即便有再好的说辞，也是没有用武之地。

通常来说，电话销售人员总会不厌其烦地给客户解释产品能给他带来怎样的利益点，这种方法固然会使客户感兴趣，但是当所有推销电话都在强调产品的利益点时，销售人员要想从中胜出，就要想一些新奇的点子，尤其是在电话一开始就要激发客户的好奇心，让客户欲罢不能，舍不得放下你的电话。这样的话，起码客户愿意给你时间来沟通，对于销售人员而言，就增加了销售的机会。我们来看下面的一个案例：

电话销售人员："早上好，上帝！"

客户："上帝？"

电话销售人员："呵呵，客户都是我们的上帝，您是我们的客户，当然是我们的上帝了。《圣经》上说上帝无论在什么时候，都会听取凡人的意见。您作为上帝，可以抽一两分钟时间出来吗？"

当客户听到有人突然喊他为"上帝"的时候，只怕会按捺不住地笑起来，同时也证明电话另一端的销售人员是多么的可爱。当然，对于这么可爱的销售人员，客户总是会给出一点时间，起码不至于马上拒绝的。由此可见，如果电话销售人员的开场白具有出其不意的雷人效果，瞬间让客户的好奇心爆棚，又带着极强的幽默感，那么客户的兴趣也会在瞬间被激发出来。另外，销售人员在激发客户的好奇心时，要掌握好分寸，合情合理，能够自圆其说，避免适得其反。我们再来看一个案例：

电话销售人员："早上好，刘经理！"

客户："早上好，请问你是哪位？"

电话销售人员："我是宝盛的小明。是这样的，刘经理，今天我打电话给您，是要告诉您一个天大的秘密，一般人我是不会告诉的。"

客户："噢，什么秘密？"

电话销售人员："这个秘密就是现在市面上推出了一款新产品，可以帮您解决……我们现在就代理销售这种产品……不知道您有没有这样的需求？"

客户："这样吧，我还有事，你先给我发份传真看看吧。"

在上面的案例中，电话销售人员一开始说"有个天大的秘密"，待成功激发起客户的好奇心后，原来这个"天大的秘密"是电话销售人员所在公司代理销售的新产品，这就给人一种哗众取宠的感觉。

可见，电话销售人员不仅要注重在电话开场白中设置一个悬念，勾起客户的好奇心，同时还要给这个悬念准备好一个合情合理的答案，并平滑地过渡到同销售有关的话题上来。

巧用声音，塑造好形象

《吕氏春秋》中说："故闻其声而知其风，察其风而知其志，观其志而知其德。"也就是说，听一个人说话的声音就能知道这个人的风度，观察这个人的风度就可以明白他的志趣，清楚他的志趣后就能知晓他的德行与品行。

电话销售是一种结合了声音与语言的艺术，电话销售人员只能靠耳朵去"看"客户的所有反应。同样，客户在电话的另一端也只能借助听到的声音以及对方传递来的信息来判断电话销售人员是否值得信赖，进而决定是否继续这个通话。

相信很多人在生活中都有过打客服电话的经历。通常情况下，我们拨通客服电话后，电话那头甜美、礼貌、亲切的声音会立刻给人一种良好的心理感受。也许你在投诉前还是怒气冲冲，但只要听到客服人员说上几句暖心、安慰的话，你的心情就会倍感舒缓，也就不好意思冲着客服人员再发"雷霆之怒"。可见，声音可以刻画出一个人在别人心目中的形象。

对于电话销售人员来说，想让客户接受你的产品与服务，首先要让客户从心理上接受你，包括你的声音。那么，电话销售人员应该如何通过声音来塑造自己的好形象呢？

1. 保证声音清晰

清晰的声音是有效沟通的前提。电话销售人员要确保自己所说的每一个字都发音标准、吐字清晰，要让客户在电话中较容易地听清楚、听得懂自己所说的话。具体来说，销售人员在电话中应注意：切忌结结巴巴、语言重复；即使普通话说得不标准，也不要用假嗓子，或是带着浓重的鼻音说话；对于一些把握不准的字、词，要学会用其他字、词准确地替代。

2. 语速要适当

我曾经接到一些销售人员的电话，语速很快，快到我根本听不清楚对方说的是什么，只能麻烦对方重复几遍，才能大致明白对方要表达的意思。一般来说，语速过快，容易使客户听不清楚或是产生误解。正常情况下，电话销售人员的语速应保持在120~140字/分钟比较合适。当然，在实践中，电话销售人员要根据客户的具体情况来加以调整。总的来说，电话销售人员要把握好这三点：第一，与对方的思维同步，语速要随之而调整；第二，善于运用停顿；第三，把握好与客户互动的节奏。

3. 音量要适中

电话销售人员的声音如果音量过小，对方很可能会听不清或听不明白，而且显得你自信不足；如果音量过大，几乎是喊着说话，则会显得不礼貌，容易让对方产生反感，还可能会影响到周围同事的工作。所以，电话销售人员要控制好自己的音量。

4. 声音中略带笑意

一般来说，带有微笑的声音是非常甜美动听的，也是极具感染力的。在声音中带有笑意，并且笑出声来，这是一招很有杀伤力的电话销售技巧。通常而言，人们都喜欢追求美和快乐，笑声传达了电话销售人员的快乐，客户自然也愿意和一个快乐的人交谈。在电话沟通中，销售人员的面部表情要丰富并保持微笑，这样说出来的话，声音会更自然，更有感染力。

5. 语气要和缓

无论遇到什么样的情况，电话销售人员都要保持冷静，语气要和缓，切忌与客户在电话中发生顶撞。在工作中，语气是电话销售人员内心态度的晴雨表，电话销售人员的语气应该是平和中有激情，耐心中有爱心。

6. 音调要抑扬顿挫

在电话销售中，尽管客户看不见销售人员，但是却能敏锐地察觉到销售人员声音的每一丝变化。总的来说，销售人员说话一定要自然，要做到抑扬顿挫，不要阴阳怪气，要合理运用高、中、低的音调变化，不要太机械，避免让客户感觉你说话就像播放录音机。我曾经见到一位客户在听销售人员说了一番话后，竟然一脸茫然地问："请问是人工语音，还是自动语音？"总的来说，电话销售是一门艺术，电话销售人员要好好修炼自己说话时的音调。

7. 表述要言简意赅

简洁就是效率，既能节省客户的时间，也能节省自己的时间。很多人在接到推销电话时，都希望在最短的时间内搞清楚对方要表达什么，如果电销人员说话过于冗繁，很可能会让客户心生抵触。加上不少公司规定每名销售人员每天要拨打一定数量的电话，这就要求销售人员打电话时就务必简洁，否则会难以完成每天的工作量。这里有个小窍门就是，电话销售人员在拨打电话前，把自己要表达的核心内容列出一个提纲，这样在拨打电话前就能胸有成竹，语言也会变得简洁明了，还可以避免思路不清晰。

8. 保持好互动节奏

所谓节奏，就是恰到好处的停顿。把握好节奏可以让双方有时间感知谈话的内容与氛围，还有机会让客户参与到谈话中来。一般来说，有经验的电话销售人员会根据客户的语言节奏来调整自己的语言节奏，从而使双方在整个谈话中非常投缘并且默契。

9. 体现出专业素养

电话销售人员对本公司产品的熟悉程度、语言表达是否专业、处理问题是否专业等都会给客户留下深刻的印象，甚至会影响最终的成交。因此，电话销售人员要让自己的语言体现出专业素养。

给陌生客户打电话，如何开场更有吸引力

不少电话销售人员经常抱怨："我每次给客户打电话，刚做完自我介绍，甚至连开场白还没有讲完，客户便会打断我，表示他现在正忙，或者碰巧有一个重要的会议。遇到这种情况应该怎么办呢？"

对此，我们要清楚的是，客户并不是每天都要购买产品，况且每天有许多销售人员打电话询问客户是否需要购买产品。久而久之，客户就会对销售电话产生一种条件反射式的逆反心理，一旦察觉电话里有推销的意思，就会触发客户的自我保护心理，进而找理由拒绝销售人员。我们来看一个案例：

电话销售人员："您好，请问是章浩经理吗？"

客户："是的，你是谁啊？"

电话销售人员："我是鼎鑫资产管理顾问有限公司的销售顾问白鹭，我们有款理财产品，您看……"（被打断）

客户："抱歉，我现在很忙。"（挂断电话）

在上面的对话中，销售人员在开场白中有两处容易触发客户的自我保护心理：一是既然已经把电话打到客户章浩那里了，还要问"请问是章浩经理吗"，这让客户很快就会判断你是一位陌生人，而这种陌生人打来推销电话的概率也是很大的；二是电话销售人员自称"我是鼎鑫资产管理顾问有限

公司的销售顾问白鹭"，这就很直白地告诉客户，你打过来的是一通销售电话，很快会被客户识别为应被过滤掉的电话之列。

可见，销售人员在与客户第一次通话的时候，不要随意触发客户的自我保护心理，以防为后续通话设置障碍。那么，我们在给陌生客户打电话时，应该怎么做呢？

1. 含糊不清地自我介绍

既然销售人员在介绍公司和自己的职务时，有可能引发客户的"负面"联想，那么销售人员不如装回糊涂，在客户还没搞清楚自己的真实身份时，把要说的开场白说完。举例如下：

电话销售人员："早上好，章经理，现在接电话方便吗？"

客户："方便，您是哪位？"

电话销售人员："我是鼎鑫的白鹭，是这样的，章经理，今天白鹭特意打电话给您，是因为……"

上述方式看似简单，却颇为有效。由于电话销售人员直接询问"章经理，现在接电话方便吗？"客户一时还不知是谁打来的电话，而且对方又知道自己的称谓，多数会表示"方便"，这时，客户的诸如"我现在很忙……""我正在开会……"等借口就不好意思再说出口。同时，销售人员仅报出公司名称"鼎鑫"，客户还弄不清楚这是一家做什么业务的公司，再加上销售人员名叫"白鹭"，听起来都让人浮想联翩，自然要暂且洗耳恭听一下。

2. 学会美化自己

我们知道，客户一天中很可能会接到很多推销电话，那么如何让客户对你产生深刻的印象呢？销售人员不妨适当地美化自己。我们来看以下例句：

"我是飞天科技的柳德华，我们是本市最大的从事打印机耗材与维修的供应商……"

"我是顺海科技的邹笔畅，您可以直接叫我小邹就行，顺海科技是国内唯一一家从事……"

通过上述"最大""唯一"等词汇的美化，可以在一定程度上凸显出销售人员的与众不同，容易形成差异化，从而给客户留下比较深刻的印象。当然，客户之所以产生兴趣，关键还是在于有兴趣或者需求，并不会全部因为销售人员的"美化"，就让客户选择购买。对此，销售人员要适当把握。

3. 借助第三方搭桥

通常情况下，客户接到陌生的推销电话，在信任度方面总会打个大大的问号，但若是得知销售人员通过第三方，如自己的朋友，与自己取得联系，就要"不看僧面看佛面"，得考虑给朋友一个面子，从而不会那么直接地挂断电话。另外，销售人员在请出第三方这面旗帜时，要适当了解客户的需求，不要一上来就借用第三方朋友的名义强行推销，否则会适得其反。在实际工作中，假如客户真的问起来"是哪位朋友帮你介绍的"，而你又不想或不便说出来，可以回答："您的那位朋友担心他的引荐会有些不便，所以，不想让我透露他的名字，这点请您理解。"这样的话，客户也就不便再强行询问。

4. 借助权威的力量

销售人员在不方便模糊地介绍自己，以及没有第三方引荐的情况下，可以在介绍自己时尽可能与知名人士或企业产生关联，从而提升自己的形象。举例来说，有位销售人员在与客户洽谈业务时，自称是中国联通的人员，其实该销售人员只是中国联通的一位代理商，专门代理中国联通的宽带安装业务。最终通过中国联通的影响力和公信力，该销售人员成功地推销出去多个宽带业务。

"诱"之以利，不怕他没有兴趣

俗话说："天下熙熙，皆为利来；天下攘攘，皆为利往。"这句话看似直白，却在很大程度上点出了人性的本质。对于电话销售人员来说，通话一开始就直截了当地告诉客户，你可以为他带来什么样的好处，那么在"好处"的驱使下，客户的兴趣就会比较容易被激发出来。我们来看下面一个案例：

电话销售人员："早上好，萧经理！"

客户："早上好，哪位？"

电话销售人员："我是竹石的肖遥。萧经理，如果通过一种新的质量监控系统，可以将产品的良品率提升1.5%以上，按照您公司现在的年产值来计算，可以使年利润率提升100万元以上，而这仅仅需要不到10万元的投入，您有兴趣了解一下吗？"

客户："当然可以。"

一般来说，销售人员在激发客户兴趣的时候，能够用数字描述利益的要尽量用数字来说明。一方面是因为人对数字较为敏感，尤其是与金钱数目有关的数字更是如此；另一方面，数字带有权威证据的意义，明确的数字更容易获得客户的信任。

　　另外，人们不仅有"趋利"的普遍心理，还有"避祸"的心理，我们从帮助客户避免损失的角度，也可以激起客户的兴趣。我们来看下面的案例：

　　电话销售人员："下午好，黄经理，现在接电话方便吗？"
　　客户："方便，您是哪位？"
　　电话销售人员："我是海达通信的黄晓明，是这样的，黄经理，如果我能向您展示一种可以让您每月的办公费用降低60%的方法，并且该方法经过多家公司验证是行之有效的，那么我是否可以花上3分钟左右的时间和您分享一下？"
　　客户："是吗，什么方法呢？"

　　通常情况下，人们对负面事物会比对正面事物更加敏感，因此，销售人员强调给客户带来利益的同时，还可以谈及能够帮助客户降低或避免损失，并尽量用数字来形容。再者，我们都知道"天下没有免费的午餐"，无论你能帮助客户增加多少收益、减少多少损失，最终还是要绕回到客户需要花多少钱的问题上。
　　对此，电话销售人员不妨用"化整为零"的方法，将产品的实际售价降为一个微小的数字，然后将其与客户获得的收益、避免的损失相比较，从而激发客户的兴趣。我们来看下面一个案例：

　　电话销售人员："早上好，吴经理，现在接电话方便吗？"
　　客户："方便，您是……"
　　电话销售人员："我是明拓科技的海燕，明拓是本市最大的一家从事电脑维修服务的企业。是这样的，吴经理，如果您每天投入不到一块钱，就可以使您获得全公司所有电脑在一年365天无故障的保修服务，我可以用一点点时间和您谈谈吗？"

客户："可以，您说的无故障保修服务具体是指什么呢？"

电话销售人员："是这样的……"

由于在上述通话中，电话销售人员将客户需要承担的费用分割为极小的单位，这在一定程度上能减轻客户购买支出的压力，从而便于双方接下来的沟通。

巧用敏感话题吸引客户的注意力

在电话沟通中，我们要想快速吸引客户的注意力，还可以采用一些敏感话题，从而"秒杀"客户的注意力。我们知道，财产安全是每个人都非常关心的敏感问题，销售人员如果适当运用这些敏感问题，则有助于将客户快速吸引到谈话中来。我们来看下面的案例：

电话销售人员："晚上好，请问是凯德花园C区6号的业主王先生吗？"

客户："是的，请问找我有什么事情？"

电话销售人员："我是住宅安防机构的。是这样的，王先生，最近一周在凯德花园连续发生了三起严重的盗窃案，对广大业主的财产安全造成了极大损失，您有听说过吗？"

客户："听说过。我觉得物业应该增强安保措施才对。"

电话销售人员："是的，我们已经建议物业公司加强了对应的安保措施，不过一个小区的良好治安环境，还需要广大业主和我们配合，您说是吗？"

客户："是的。"

电话销售人员："所以我特别给您提醒几个需要注意的防盗隐患，希望您多加注意。"

客户："好的，你讲。"

电话销售人员："首先……其次……再次，可以使用住宅视频监控防盗系统……"

在上面的通话中，销售人员通过"财产安全"的敏感话题切入，同时结合相应案例，增强了说服力，最后提到视频监控防盗系统，也就是电话销售人员负责销售的产品了。通过这样的层层铺垫，牢牢地吸引了客户的注意力。

另外，如果说财产问题在客户看来是相当敏感的问题的话，那么关系到客户健康的问题则可以称之为极度敏感的问题了。我们再来看一家医疗用品公司的电话销售人员如何与客户进行沟通：

电话销售人员："晚上好，陈女士！"

客户："哪位呀？"

电话销售人员："我是瑞康医疗机构的客户服务人员，工号999，您直接叫我小李就行。今天特意打电话给您，是因为您昨天在我们的专家问答栏目里提到了一个问题，我们担心这个问题会对您的健康造成很大的影响，所以特地打电话过来问一问。"

客户："什么问题？"

电话销售人员："陈女士，您在专家留言栏目里表示自己现在有时候坐久了，起身会感到头晕眼花……对吗？"

客户："对的。"

电话销售人员："因为从医学的角度来看，您所描述的正好和某病症十分相似，所以为了确认，我可以问您几个问题吗？"

客户："可以。"

……

电话销售人员："陈女士，为了保险起见，我们建议您去参加××专项体检。"

客户："好的。"

　　在上面的通话中，经过一番对答，最后电话销售人员表示，为了更加保险起见，建议客户陈女士去参加某个专项体检，而这正是该销售人员所在公司的主销产品。这样一来，通过引入客户对身体健康问题的关注，销售人员与客户的沟通有效地展开。

　　最后，销售人员能够在第一通电话开场的时候就提到客户的敏感话题，是与和客户通话前做好"功课"分不开的，即销售人员要对客户本人或者所在行业有个基本的了解，从而确保销售人员说出的敏感话题能够吸引客户的注意力。

练出一口个性化语言

一般来说，电话销售是一份比较强调个人魅力的工作，为此，练就一套实战性很强的个性化语言是很重要的。对于电话销售人员来说，给不同的客户打电话，一定要摆脱程式化语言的局限，多表现自己的个性化语言。所谓个性化语言，主要是指一个真实的人面对另一个真实的人时所使用的语言。可以说，成熟的个性化语言就像是一次成功的自我表演，能在最短的时间内把一个真实的自我介绍给客户。

我们通过下述5类案例来展现个性化语言的重要性。

1. 略表关心与体贴

电话销售人员："您好，罗总，您的感冒好了吗？我是天悦公司的小赵。"

客户："呵呵，好得差不多了，多谢你的关心。"

电话销售人员："要注意多休息，那我今天就不打扰您了……"

客户："不必客气，有什么事情就说吧，我看能否做到……"

在给客户打电话时，销售人员开头的第一句话一定要让对方感受到你亲切的人情味。为此，销售人员一定要调整好自己的情绪。

2. 借题套近乎

电话销售人员:"您好,罗总,我是天悦公司的小赵。"

客户:"找我什么事?"

电话销售人员:"上月5号,我给您寄过一张报价单,您一定收到了吧。"

客户:"嗯,我还没有看,过几天你再来电话吧。"

电话销售人员:"罗总,我可不可以冒昧地问一下,您最近在忙什么呢?"

客户:"主要是给员工缴纳个人所得税的事情。"

电话销售人员:"个人所得税呀,我有一位朋友在律师事务所工作,如果罗总想咨询的话,我可以让这位朋友一块儿过来和您探讨一下。"

通常情况下,销售人员急人所急,表现出乐于助人、积极处世的人生态度,更易让人接纳。

3. 用好同乡关系

电话销售人员:"您好,罗总,我是天悦公司的小赵。"

客户:"你好,有什么事吗?"

电话销售人员:"罗总,听口音,您是河北邯郸人吧?我也是邯郸的,我老家就住在……"

俗话说"亲不亲,故乡人","同乡"是中国人际关系中一个重要的概念。当销售人员发现客户与自己有同乡关系时,多用方言与客户谈话,乡情有助于迅速让对方放松警惕,使沟通变得顺畅。

4. 校友关系该用就用

电话销售人员:"罗总,我是天悦公司的小赵。听说您是邯郸××中学毕业的,我也是,我是2001年毕业的……"

客户："是吗？这么巧啊！"

电话销售人员："是啊，要不怎么说我们是有缘人呢！"

在一个人的一生中，同学关系是很真挚的，校友关系同样值得珍惜。当销售人员发现自己和客户是校友关系时，会在一定程度上消除陌生感，推销也自然会变得顺畅一些。

5. 借用玩笑润滑话题

电话销售人员："罗总，不知被人追的滋味怎么样？"

客户："嗯？你是哪位？"

电话销售人员："我是天悦公司的小赵。"

客户："嗯！是你呀！又来谈订单的事情？"

电话销售人员："没错儿，这次我看能否追上您签下订单。说实话，这段时间追您，我都快能跑下马拉松了！"

在与客户沟通时，幽默的语言颇能赢得客户的好感。电话销售人员可以把幽默当成一种销售技巧，从而不断改进与客户的沟通效果。

摆正心态，更易赢得客户的心

对于很多刚从事电话销售工作的新人来说，如何调整好自己的心态，是一个重要的问题。有些销售新人一拿起电话，就会产生一种心理：总是感觉自己在做一件既有求于人，又没面子的事。基于此，不少销售新人总会说"打扰了""很不好意思""非常抱歉"等过于礼貌的话。

其实，很多销售新人也明白，给客户打电话并没有做错什么，打电话向客户推荐产品或服务，也是为了对方好，没有必要反复地向客户"道歉"。那么，销售人员应该秉持一种什么样的心态与客户联系呢？我们在长期的电话销售实战中，总结出七字箴言，即"谦卑，自信，有分寸"。

通常来说，我们在与人交往时，不会希望对方非常骄横，目空一切，而是希望对方在态度上谦卑，这样的话才能听得进别人说的话。谦卑不等于自卑，这是一种基于对别人的尊重和敬畏。同时，还要自信，那些处处表现得唯唯诺诺的人会影响正常的沟通进程；当然，自信也要有度，否则就是自负了。在谦卑和自信之间，我们要做到有分寸，这样的话，会让人感到我们是一个有素养的人，也便于我们和客户的有效沟通与交流。

当然，"谦卑，自信，有分寸"看似简单，但要真正地落实，还需要我们付出巨大的努力。我们来看一位销售新人与客户的对话：

电话销售人员："不好意思，打扰一下，请问是杨经理吗？"

客户："是的，有什么事？"

电话销售人员："是这样的，杨经理，实在不好意思打扰您，我是辉煌旅行社的小刘，我想知道您以前有没有使用过辉煌旅行优惠卡住酒店？"

客户："什么卡？"

电话销售人员："辉煌旅行优惠卡。"

客户："没有。"

电话销售人员："冒昧地问一句，您想使用吗？"

客户："不想。"

电话销售人员："不好意思，又打扰您了，我可以再问您一个问题吗？"

客户："什么事，快说，我一会儿还要开会！"

电话销售人员："您想不想体验一下这种旅行优惠卡带给您的便利呢？"

客户："怎么个便利法？"

电话销售人员："非常抱歉，杨经理，我们的旅行优惠卡主要是方便您在全国各地坐飞机、住酒店时享受折扣的。"

客户："我以为是什么呢，现在打折的卡多得是，我不需要！"

电话销售人员："不需要也没关系，谢谢您，不好意思打扰您了，杨经理，再见！"

（客户随即挂断电话。）

在上面的案例中，销售员小刘虽然表现得非常谦虚礼貌，但似乎有些过头。从内心来看，他觉得给客户打电话是在打扰客户，占用客户的时间，却从来没有想过这通电话可能会给客户带来更多的不悦。小刘的不自信、过于谦卑，在某种程度上已经形成了自卑，也就失去了沟通中彼此平等的基本原则，自然不利于沟通的有效展开。

再者，有些销售人员称呼客户的官称，如"经理""陈总"等会有些职位压力，不妨改称客户为"先生"或"女士"，这样显得亲切而自然。同时，电话销售人员与客户是合作互利的关系，不是上下级关系，千万不要认为自己是在恳求、麻烦对方，而要以一种平等的姿态与客户交谈。

应该说，销售人员只有摆正心态，说话时才会透露出自信。实际上，客户也总是喜欢与谦卑、自信、有分寸的人合作，因为在人们普遍的观念中，这样的人做起事来更靠谱。

电话销售中最忌讳说的话

在实际生活中，每个人都希望别人以礼相待，有谁愿意同不懂礼貌、缺少教养的人交往呢？对于电话销售人员来说，其工作主要就是与人沟通交流，因此，一定要知道什么话该说，什么话不该说，并注意说话的方式与方法。

那么，在与客户进行交流时，我们要注意哪些事项呢？

1. 永远不要与客户争辩

在电话沟通中，即便客户的观点再荒谬，也不要试图与客户辩个是非明白，更不要从正面与客户去辩驳，因为你的主要目的是销售产品或服务，不是去刻意证明你在某个观点上的正确。同时，与客户争辩也解决不了任何问题，纵然你辩赢了客户，但往往也意味着客户可能不考虑从你这里选购产品。

2. 无论客户买不买，都不要质问

电话销售人员要理解与尊重客户的思想和观点，不可强求。客户想买，说明客户有需求；客户不买，说明是有原因的。销售人员切不可在客户举棋不定时，连番催问"到底买不买"，这样做一方面会引起客户的反感，另一方面即使客户迫于压力购买了，事后也可能会反悔，要求退货、退款等，从而给销售人员造成不可控的风险和隐患。

3. 批评的话一句也不要说出口

有些销售人员觉得自己给客户说了掏心窝的话，劝客户购买是真心对客户好，可是客户偏不买账，就是不购买，不由惹得销售人员对客户进行批评。然后，这种情绪化的批评，很有可能伤害客户的自尊，使客户变得不愉快，从而拒绝购买。因此，销售人员切忌在电话中情绪化批评客户，一定要对客户多些理解和尊重。

4. 忌态度冷淡、言语生硬

电话销售人员与客户沟通时，态度要热情，语言要真诚，言谈举止要流露出真情实意，切忌态度冷淡、言语生硬。在谈话中，冷淡的态度必然会带来冷场，而冷场则容易使业务泡汤。只有真诚，才能换来对方的感情共鸣。

5. 多用协商语气，忌用命令

电话销售人员在与客户交谈时，微笑要展露一点儿，态度要和蔼一点儿，说话要轻声一点儿，语气要柔和一点儿，要多采取征询、协商或者请教的口气与客户交流，切不可采取命令和批示的口吻与人交谈。无数事实证明，成功的电话销售都是在客户心情较好的时候完成的，这就需要销售人员在成功地推销产品前，要先将客户的心情调解好。

6. 切忌双方地位悬殊

很多销售人员在与客户沟通时，或多或少会有一些自卑心理，有时为了掩饰这种自卑心理，销售人员会故意抬高自己，甚至自吹自擂，炫耀自己的出身、学识、财富、地位和业绩收入等，从而人为地造成了与客户之间的隔阂与距离。总的来说，销售人员要尽可能与客户平等交流，在进行身份调整时，要注意讲究分寸。

7. 不唱独角戏

电话销售人员与客户的沟通，应该是双向的，销售人员不仅自己要说，还要鼓励客户讲话，通过对话了解客户的基本情况，如工作、收入、投资、配偶、子女、家庭收入等。应该说，双向沟通是销售人员与客户之间的有效沟通方式，切忌销售人员一个人唱独角戏，使得沟通成为个人独白。

8. 忌谈隐私问题

在与客户沟通的过程中，销售人员最重要的是把握对方的需求，而不是一开口就大谈特谈自己的隐私，如自己的年龄、婚姻、财产等，更不应该想方设法地去询问客户的隐私。对于隐私问题，别人主动告知，你可以因时制宜地适当附和，若别人没有说，切忌主动询问，否则只能让客户觉得你不够成熟。

9. 少说"你明白吗？"

有的销售人员担心客户听不懂自己的话，便不停地询问对方"你懂我的意思吗？""你知道吗？""你明白吗？"这种说教式的口吻很容易让人产生反感。从销售心理学上来看，如果一直质疑客户的理解力，会使客户产生不满，感觉自己得不到起码的尊重，逆反心理也会随之产生。

10. 不雅之言禁出口

在生活中，每个人都希望与有涵养的人在一起，不会愿意与那些"粗口成章"的人交往。同样，销售人员不经意的"爆粗口"也会给销售行为带来负面影响。

总的来说，在电话销售过程中，该说的要巧说，不该说的就不说，要时刻注意管好自己的嘴，用好自己的脑，才能把话说得滴水不漏，把话说到对方的心里去，从而"黏住"客户。

第三章
销售80%靠耳朵，20%靠嘴巴

在销售过程中，究竟是"听"重要，还是"说"更重要？实际上，"听"和"说"都重要，相对而言，销售是人与人之间打交道，离不开沟通，而沟通要从心开始，这样的话，沟通才能做到有的放矢。那么，我们如何才能了解客户心里要说的话呢？答案就是学会倾听。只有听懂了、听明白了，说出的话才更有"杀伤力"，才更易出单。

各行各业的销售高手普遍认为做销售，耳朵比嘴巴更重要。会听是销售人员会说的前提，在销售成交中，80%要靠耳朵完成，仅有20%靠嘴巴来讲解。因此，电话销售人员要能先做个好听众，接着再做个好演说家。

电话销售中倾听的学问

在销售过程中，有些销售人员无法给客户留下良好的印象，往往是由于不会或不愿倾听造成的。因此，在日常工作中练好"耐心倾听"的基本功很重要，不论客户来自何方，你都要用心倾听。

一般来说，销售人员要抱着热情与负责的态度去倾听。好的倾听者，不仅用耳朵听内容，更用心听情感；倾听时还要避免不必要的干扰，做一个主动的倾听者。俗话说"行动胜过言语"，主动倾听对方的讲话，事实上就是用一种无声的语言表达了你对他人的尊重，更有助于赢得客户的好感。

在倾听客户的谈话时，销售人员要做到：让客户把话说完，不要打断对方；努力去体察客户的感情；全身关注地听，不做无关的动作；要注意反馈，及时验证自己是否已经了解了客户的意图；不必介意客户谈话时的语言和动作特点，要把注意力放在客户谈话的内容上；要注意语言以外的表达手段；要使思考的速度与谈话相适应，在倾听客户的谈话时，大脑要抓紧工作，勤于思考分析；避免出现沉默和冷场的情况。

通过有效倾听，我们还能及时地识透客户内心的真实想法。比如，一方在谈话中对他人评头品足，说明此人嫉妒心比较重；说话暧昧的人，往往喜欢迎合他人；和你唠家常的人，往往是想跟你套近乎；避开某个话题的人，往往是内心潜藏着其他目的；喜欢对他人进行论断的人，往往比较有心机，销售人员不要过于听信对方的这种论断，而是要善于分析其中的玄机；恶意指责别人的人，往往有强烈的支配欲；见风使舵的人，往往非常容易变脸；爱发牢骚的人，往往心眼小，心里装不下太多的事；喜欢诉诸传统的人，往往思想保守。

另外，根据客户的说话特点，我们也可以获悉一些有价值的"情报"。比如，在正式场合的发言中，客户一开始就清嗓子，表明他有些紧张；说话时不断清嗓子、改变声调的人，可能还有某些焦虑；有时需要清一下嗓子，是因为他对问题还是迟疑不决，需要继续考虑；故意清嗓子则是对别人的警告，表达一种不满的情绪；口哨声有时是一种潇洒或处之泰然的表示，说明客户胸有成竹，表现出了十足的信心，销售人员对此要想好对策，避免陷入对方的圈套中；内心不诚实的人，说话支支吾吾，这是心虚的表现；内心清顺的人，言谈清凉平和；有叛逆企图的人，说话时常有几分愧色；财大气粗的人，言辞上会有过激之声。

我们还可以从客户说话的语态看出客户的性格。比如，善于使用恭敬用语的客户，多圆滑和世故；多使用礼貌语的客户，心胸比较开阔，有一定的包容力；说话简洁的客户，性格豪爽、开朗、大方；说话拖拖拉拉、废话连篇的客户，责任心不强；说话习惯用方言的客户，感情丰富而特别重感情；善于劝慰他人的客户，才思敏捷；在谈话中好为人师的客户，喜欢卖弄，要走进他们的内心，根本的一点是满足他们好为人师的心理；肆意诬蔑他人的客户，心胸比较狭窄，在接触的过程中，你一定要善于掩盖自己的才干，展露自己普通的一面，从而避免引起对方的猜忌；说话尖酸刻薄的客户，常会遭到周围人的厌恶，对这种人要适当展现足够的包容。

最后，在实际生活中，不少人养成了爱说口头语的习惯。其实口头语具有鲜明的个人特色，是一个人内在性格的口头体现，可以在一定程度上反映客户的心理及性格特点。比如，经常使用流行词汇的人，往往喜欢随大流、浮夸，缺少个人主见和独立感；"我个人的想法是……""是不是……""能不能……"，往往和蔼可亲，能做到客观理智，冷静分析，然后做出正确的判断；经常说"绝对"的人，性格比较武断；爱说"我早就知道了"的人，有表现自己的强烈欲望；喜欢说"这个……""那个……""啊……"的人，说话办事都比较小心谨慎；爱说"果然"的人，多自以为是，喜欢强调个人主张；爱说"其实"的人，表现欲望强，希望能引起别人的注意；喜欢说"我……"的人，喜欢寻找各种机会强调自己，以引起他人的注意；喜欢说"真的"之类强调词语的人，缺乏自信；喜欢说"你应该……""你不能……""你必须……"的人，多专制、固执、骄横，但对自己又充满了自信；经常使用地方方言，并且理智、底气充足的人，一般自信心强，有个性；喜欢说"我要……""我想……""我不知道……"的人，思想比较单纯，容易意气用事，情绪不是很稳定；经常使用外来语言和外语的人，虚荣心强，爱卖弄和夸耀自己。

听出"谎言"背后的原因

有句歌词唱的是"女孩的心思你别猜，猜来猜去也猜不明白"，的确，很多时候女孩子喜欢一个男生，却可能会说"你好烦""好讨厌"等，当男生感觉很受委屈，甚至抓耳挠腮想对策时，却不知女孩对他已经心有归属，女孩说的"好烦"往往是一个善意的谎言。

同样，在销售中客户说的话在很多时候也不全是"真"的，有着潜台词，如果销售人员听不出客户"谎言"背后的真实想法，往往就会失去成交的机会。举例来说，当你向客户推荐一款产品时，客户却坚称另一家公司的同类产品更好，这时，一些经验欠缺的销售人员会不厌其烦地从一系列产品参数上证明自己的产品如何"更好"，但实际上，客户想要的，可能就是希望价格能够再便宜些。这时，在降价允许的范围内，销售人员适当降价，可能就成交了。

这就好比，我们平时在逛商场时，看到有顾客指着一件衣服的颜色说不适合自己，这时，顾客的真实想法可能就是价格有点高，如果价格能够再降些，估计就"适合"自己了。很多时候，客户潜在的想法，往往基于某些顾虑，不便于说出口，便通过其他借口来表达这种情绪顾虑。

此外，当客户有某种意图时，也会通过尝试"说谎"来实现。比如，客户有时会在电话里说："今天很忙，改天有空我再和你联系。"那么，客户当天是否真的很忙呢？未必。一般来说，客户说这种话，很多时候仅仅出于一种礼貌，作为销售人员，我们必须积极、主动地去和客户联系，而不能守株待兔，等着客户给我们来电话。实际上，等着客户主动给自己打电话并签单的情况太罕见了。因此，销售人员要谨记：主动联系客户，永远是销售人员成功的一大秘诀。

有时，客户还会说："只要价格合适，我们马上就签合同。"对于一些刚入行的电话销售新人来说，一听到客户这样说，可谓心花怒放，仿佛成交就在眼前。实际上，说出这种话的客户，往往不是马上要签合同的客户，对方只是想了解一下销售人员能报出的底价。这时，销售人员往往先报一个正常的价格比较合适，甚至只需要与客户保持正常的沟通和联系即可，不要急于求成，否则可能落入被动不利的局面。

另外，在现实中还有一种情况与上面相似，即客户表示："只要你过来，我们就立即签订合同。"我有个朋友曾经就听客户这样说过，当他从北京火急火燎地赶到广东时，却发现客户根本没有当场签订合同的意愿，仅仅是让这位朋友去上门拜访一下，同时顺便了解下这位朋友所售产品的底价，这位朋友却为此承担了一笔不小的差旅开支。

一般来说，我们遇到这种情况，可以尝试先签订合同，再上门拜访；对于重要的大客户，我们可以直接以"沟通和深度洽谈"为目的，上门拜访，没有必要轻信"来了就能签订合同"；对于即将签约的意向客户，我们可以考虑上门拜访，从而踢好成交前的"临门一脚"，但在拜访前，要充分评估拜访的成效性，做到知己知彼。

听出客户异议中的真实需求

在电话沟通中，客户不可避免地会向销售人员提出一些异议，这在销售中属于正常情况，起码说明客户对销售人员的话有反馈。这时，销售人员要引导客户多说话，诸如询问对方"您看价格是否合适""签约时间是否合适""觉得产品怎么样"等，在这个过程中，销售人员要抓住客户说话的每一个细节，引导客户将心里的想法都说出来。这时，销售人员要注意倾听，不要随意打断客户，从而听出客户异议中的真实需求。

通常情况下，销售人员需要听出客户异议中包含的4个方面的内容：

1. 客户有没有需求

这是销售人员首要判断的问题。电话销售人员务必要在沟通中判断客户到底有没有需求，也就是分析客户的现状和期望之间是否可以匹配。如果无法匹配，说明客户存在需求；如果匹配，说明客户在目前阶段没有该需求。举例来说，一位销售豪宅的销售人员打电话给一个客户，该客户也想住上豪宅，但是现阶段的经济能力根本无法支撑这种期望，显然客户的现状和期望在目前阶段还无法匹配，销售人员就要礼貌道别，或者将其作为储备客户，并转而开发其他潜在客户。

2. 客户的需求是什么

在销售中，我们可能会常听到客户发出"价格太贵"的异议，那么，"价格太贵"的潜台词究竟是什么呢？真的是贵得让客户无法承受吗？也未必。一种情况是，价格比别人高，质量不知是否真的比别人的好，客户因此难以做决定。这时，销售人员要懂得有专业水准地剖析本产品与竞品的差异性，用事实证明价格高的合理之处。另一种情况是，客户对销售人员不了解，担心与不熟悉的人交易有风险，需要考虑。这时，销售人员就要努力提升自己的专业化形象，增强自己在客户心目中的公信力，要让客户觉得自己是个靠谱的人。还有另一种情况是，客户对销售人员说的话并不关心，同时也想结束这场谈话，便以"价格太贵"为由予以拒绝。总之，销售人员要能够辨析出客户的真实需求。

3. 客户需求的强烈程度如何

我们在面对生活中的事情时，往往会有轻重缓急之分，同样，客户的需求也有轻重缓急之分。当我们判断出客户具有某种需求时，还要知道客户对这种需求的强烈程度如何。一般来说，当客户急切地要满足某项需求时，成交的步伐就会大大加快。为此，销售人员可以帮助客户分析满足该需求的强烈程度，并努力推动销售的进展。

4. 客户的可信度有多高

我们在前面已经提及，客户在销售人员面前会"说谎"的情况，这是基于客户对销售人员出于戒备的正常本能反应。为此，不少客户在销售人员面前口是心非。那么，电话销售人员如何通过倾听来判断客户的话究竟有多大的可信度呢？对此，销售人员在倾听时要多加注意，如果客户说话出现前后矛盾，或者某些细节违背常理，或者是客户的声音表现异常，那么，销售人员就要适当辨析这种变化背后的原因。

总之，销售人员要想听出客户异议中的真实需求，就需要用心倾听对方所讲的内容，设身处地站在对方的立场上体会对方的真实感受，积极做出回应，并努力从客户身上获取更多的信息，从而为最终的成交扫除障碍。

态度变化潜藏购买意愿

一般来说，购买信号是客户通过态度、语言、情感等表现出来的具有购买意愿的信息。这种信息有的是客户有意而为之，有的是无意而为之。在面对面的销售中，销售人员相对可以通过较多的信号来捕捉成交机会。但在电话销售中，销售人员无法看到客户的表情、动作以及眼神，那么应该如何捕捉客户的购买意愿呢？我们发现，客户在说话态度上的变化，也可以传递客户相应的购买意愿，具体如下：

1. 谈话将结束时客户沉默应对

客户在谈话即将结束时保持沉默，可能有两个原因：一是客户根本没兴趣；二是客户有购买意愿，在等电话销售人员主动做出某种承诺或让步。我们来看下面的案例：

电话销售人员："这是一件非常不错的产品，我已经详细地向您做了介绍，您还有什么不明白的地方吗？"

客户："这个……"

电话销售人员："您如果还有什么疑问的话，可以直接问我。"

客户："没有……"（沉默）

出现这种情况，很有可能是客户正在等待电话销售人员主动提出成交请求，因此，销售人员在电话里发现客户保持沉默，要及时主动回应"我现在就为您订购一台，可以吗？"或者说"既然没什么问题，我什么时候把产品给您送过去呢？"可见，电话销售人员要具有主动销售的意识，要在合适的时机主动邀请客户成交。

此外，如果客户在谈话一开始就陷入沉默，一般不属于成交信号，往往是客户还在等待获取更多的信息。假如销售人员介绍完产品，特别是在解答完客户的疑问后，客户陷入沉默，这时候电话销售人员不妨尝试提议成交。

2. 客户倾听的兴趣浓厚

通常来说，假如客户打定主意不购买，往往会没有兴趣听电话销售人员滔滔不绝地讲话，甚至会表现出一种反感情绪；如果客户有购买的意愿，就会在电话中对销售人员的讲话表现出浓厚的兴趣，并愿意听销售人员向他不断地推销，这就是客户向销售人员释放出的购买信号。

还有一种情况是，某种产品很热销，销售人员忙得焦头烂额，还是不断地有客户打电话来咨询产品信息，这时，销售人员的说话态度很不友好，仍然抵挡不住客户的热情，这也是客户释放出的购买信号，销售人员可以直接要求客户成交。

3. 客户态度积极且友好

在与客户沟通的过程中，当销售人员向客户提出问题时，客户能够热情地做出回答，即使有些问题不免强人所难，客户也不回避，这就暗示了电话销售人员，客户有潜在的需求，也有一定的成交意愿。我们来看下面的案例：

> 电话销售人员："刘先生，恕我直言，这个问题您是不是需要请示您的太太？"
> 客户："呵呵，不用，我可以做决定。你真爱开玩笑。"
> 电话销售人员："那我可不可以问你一个私人的问题？"
> 客户："当然可以，你说。"

电话销售人员："请问刘先生，您一个月的收入有多少？有没有自己的私房钱？"

客户："这个问题问得好，呵呵，我月入1万元，私房钱嘛，一分没有，零花钱倒是不缺。"

在上面的案例中，客户对销售人员并没有排斥心理，而是很配合销售人员的问题，说明客户有意向与销售人员就产品或服务问题进行更深入的沟通，一旦产品或服务符合客户自己的预期，就有可能表现出成交的意愿。

4. 客户不断地表示赞同

在电话中认同别人，通常有两种含义：一种是真心地表示认同对方的观点或说法；另一种是敷衍，本质是为了尽快地结束通话。通常情况下，在电话沟通中，遇到客户提出错误的观点或者论断时，电话销售人员要用专业的态度得体地纠正客户的偏差，让客户认同你、赞赏你，进而信任你、依赖你。

总的说来，客户是否有成交意愿，往往会在态度上表现出来。当然，一些行事老道的客户可能会很好地隐藏个人的真实想法，即便心里排斥电话销售人员，也会表现出足够的热情，从而显得有涵养。对于这种情况，销售人员只需点到为止即可，也不要揭开客户"伪善"的面纱。对于大多数客户来说，态度决定成交，销售人员只要留意客户的态度变化，还是可以从中捕捉到成交信号的。

客户的提问折射消费心理

在电话沟通中，当客户开始关注产品的细节问题时，往往意味着客户有了一定的购买意愿。当然，客户询问的内容不同，释放出的成交信号强弱可能也不同。归纳起来，当客户有意成交时，通常会提出如下问题：

1. 主动询问价格

买东西前必问价，这是人之常情。在电话销售中，客户主动提到价钱就是一种购买信号的体现。比如，当你正在与客户沟通相关的产品参数时，客户却突然问："现在买的话，价格是不是还有优惠？"这说明，客户的关注点已经不在产品参数上，或者是对产品参数已经没有顾虑了，当前最关心的是价格问题，如果价格合适就可能成交。

2. 重复自己已经问过的问题

假如客户就产品的某一个问题反复提问与确认，说明客户很在意这款产品，只是对有些细节还不是很放心，或者存在疑虑。这个时候，电话销售人员要用有说服力的回答来打消客户的疑虑，从而促成交易。

3. 询问售后服务情况

客户在购买产品时，除了关注产品本身，还会关注产品的售后服务。从某种程度上来说，售后服务成了决定交易成败的一个关键。可以说，同等质量、同等价格的产品，谁的售后服务做得好，谁就拥有更强大的竞争优势。基于此，假如客户询问售后服务，说明客户是有意向购买的，一旦关于售后服务的问题得到明确的答复，客户签单也就成了顺理成章的事情。

4. 询问成交方式

一般来说，当客户直接询问成交方式时，意味着客户已经下决心购买该产品。比如，客户可能会问"怎么付款，现金还是刷卡？能用支付宝或微信付款吗？""怎么签订购买合同？""怎么发货，是否能确保发的是顺丰物流？"当销售人员为客户提出的这些问题做出满意的答复后，基本可以肯定，客户会选择成交。

5. 提出假设意见

客户在打算购买的时候，往往会先以某种假设作为试探，如果这种假设获得积极的答复，成交就可能达成。我们来看下面的案例：

客户："你们这台设备还能再便宜一些吗？"

电话销售人员："如果您购买5台以上，我们会给您9折优惠价。"

客户："如果我订购10台呢？"

电话销售人员："如果您现在就订购10台的话，我们公司给出的最低价是8.5折，20台以上是8折。您看，你要订购多少呢？"

在上述对话中，客户假设订购10台设备，希望获得更多价格优惠，这就是一种成交信号。当这种假设获得销售人员积极的回应时，意味着客户的假设可以变成现实，从而有利于客户做出购买的选择。

6. 询问赠品情况

通常情况下，客户在询问有无赠品时，本身就是一种成交信号。客户这样问，一般是出于这样的心理：有赠品固然好，可以有意外惊喜；没有赠品的话，可以借机向电话销售人员施压，间接地向对方传递一种"没有赠品还这么贵"的潜台词。在这种情况下，销售人员不能掉以轻心，要在赠品问题上给客户一个满意的答复，要避免因赠品问题而使客户打消购买的念头。

语气反常释放成交信号

俗话说"听话听音，交人交心"，在电话销售中，客户的弦外之音往往才是其真实意图的表达。捕捉并正确解读客户的弦外之音，是电话销售人员判断客户购买意愿的最直接、最重要的依据，从而帮助销售人员同客户快速地达成交易。我们接下来通过分析客户不同的语气变化，包括出现一些反常语气，来解读客户释放出怎样的成交信号。

1. 语气发生明显转变

一般来说，客户的语气转变反映了某种心理变化。比如，当客户由坚定的口吻转为商量的语调时，可以视为一种购买的信号；当客户的质疑语气转变为询问语气时，暗示了一种购买信号。举例来说，客户从"你们的产品怎么样？你们的售后服务怎么样？"之类的语气转为"使用你们的产品后有没有保障？多久保养一次？"这就透露出客户心理上的一些变化，也就是说，客户的关注点转为购买了产品后会怎样，而不再是购不购买的问题。这本身就是一种强烈的购买信号，销售人员要果断把握，并给客户做出合理而积极的答复，从而促使成交。

2. 显示出认真的语气

在电话沟通中，当销售人员将产品的有关细节和付款方法说明后，客户显示出认真的语气，这表明客户有一定的成交意愿。可以说，与之前较随便的语气相比，这种语气更能释放出一种成交信号。我们来看下面的案例：

电话销售人员："我们现在正做促销活动，当日下单可享八五折。"

客户："不好意思，刚才有些事，没听清楚，你接着说，现在可以打多少折呢？"（语气表示关注）

电话销售人员："可以打八五折，而且还可以货到付款。"

客户："我要是今天下单的话，明天若家里没有人，到时没有人收货，会不会给你们带来不便？"

电话销售人员："不会的，我们送货之前一般都会与客户提前电话预约的。"

客户："好的，那我就下单了。"

在上面的谈话中，客户表示对成交的相关信息比较关注，语气也很谨慎、认真，并最终选择了购买。相对来说，如果客户在电话里语气很随便，给人一种无所谓的感觉，往往说明客户没有成交的意愿。

3. 抢在前面说话

当客户表现出急切的成交愿望时，说话的语速一般会加快，语气也会加重。比如，客户可能会积极地与销售人员交流意见，与销售人员讨论一些问题，并提出一些个人见解；另外，若客户的成交意愿不是很浓厚，但是有一定的成交意愿时，一般会专心致志地倾听销售人员的讲话，而且会时不时地插话进来。对此，销售人员要通过客户的语气变化来分析其内心的真实想法。

4. 开始向旁人征求意见

客户在购物时，通常会经历这样的心理过程：有主意（不买）——没主意（犹豫）——有主意（购买）。在这个过程中，销售人员的话术引导固然重要，但客户身边的朋友、家人等人的反应和意见也很重要，也会在一定程度上影响客户的购买决定。比如说，客户刚开始没有购买意向，但听了身边朋友的建议后变得举棋不定，这也相当于告知销售人员"你稍等，让我再仔细考虑一下"，这本身是一种明确的成交信号。这时，销售人员在准确判断客户状态的基础上，再发挥相应的说服艺术，主动打消客户的购买疑虑，就可能实现成交。

不怕客户不买，就怕客户不听

　　一个优秀的猎人在捕猎时，一定不会拿箭乱射一通，否则，只会惊散猎物，最后一无所获。优秀的猎人总是会对猎物进行仔细的观察，待清楚了猎物的活动意图和趋向后，才瞄准目标，并做到箭无虚发。

　　在电话销售中，有些销售人员一接通电话就自顾自地说个不停，以至于让客户厌烦地挂断电话，这其实是销售人员不懂得有效倾听导致的。可以说，那些经验丰富的电话销售人员，在与客户沟通时，通常会注重倾听客户的讲话，有效地了解客户的需求，然后有的放矢，最后获得成交。

　　可以说，客户的需求有早有晚，有时其本人没需求，不代表其身边的人没有需求，只要我们能够善于倾听，了解客户足够的有效信息，就不怕从客户这里打不开成交的局面。我认识一个朋友，他主要从事化妆品销售，并被老板任命为首席业务代表。我们来看这位朋友在给客户打电话时，是如何做到有效倾听，从而与客户高效沟通的。

　　电话销售人员："您好，我是盛海公司的美容顾问，请问您现在说话方便吗？"

　　客户："你怎么知道我电话的？说吧，什么事？"

　　电话销售人员："哈哈，打扰您了。我今天给您打电话，是想请您了解一下我们新推出的防晒产品。"

客户："对不起，我不需要防晒产品！"

电话销售人员："啊？皮肤防晒非常重要，尤其是夏天。您是在用其他品牌的防晒产品，还是……"

客户："什么都没用，我不需要防晒，每天早出晚归，而且坐在办公室里不出来，哪还需要防晒呀！"

电话销售人员："是这样的，防晒美白是夏天护肤的头等大事，即使您每天坐在办公室里，那么上下班的路上，或是中午出去吃饭，或是坐在靠近窗户的位置，都会让皮肤受到紫外线的伤害，从这一点上讲，您也应该做好皮肤防晒工作。强烈的紫外线容易使人的皮肤老化，产生皱纹、斑点，造成皮肤炎，严重的还有可能患皮肤癌。"

客户："哇，你说得好吓人！"

电话销售人员："我不是危言耸听，真是这样，不信您可以查相关资料看看。不过，如果您采取了有效的防护措施的话，就完全没有必要担心这些问题了。"

客户："不过，我一直没有用过防晒产品，也没有感到什么不适。"

电话销售人员："到了夏天，您没觉得皮肤变黑了吗？中午出去吃饭，即使打遮阳伞，有时候皮肤还是会感到火辣辣的。"

客户："听你一说还真是这么回事儿。"

电话销售人员："再说，如果夏天想出去旅游，无论是去爬山，还是去海边，防晒更是必不可少，否则皮肤会被晒伤的。如果您备一些防晒产品的话，那么出门在外，到哪里都不用担心了。"

客户："您说的有道理。你们的防晒产品怎么样？你给我介绍一下吧！"

在上面的案例中，客户刚开始表示没有购买防晒产品的需求，电话销售人员接着仔细询问并倾听了客户给出的解释，然后有的放矢，指出客户潜在的风险与痛点，从而使客户接受了销售人员的观点：夏天防晒很重要，而且需要随时防晒。接着，客户对电话销售人员的态度明显好转，对销售人员推销的产品也产生了兴趣，并表现出了一定的成交意愿。

那么，销售人员如何说出一系列掷地有声，让客户产生兴趣的话呢？这与销售人员对客户的有效倾听是分不开的。销售人员只有听明白了，才有可能知道该怎么说，进而对客户说明利害关系，基于人们趋利避害的心理，就会悄悄地打动客户的心。

第四章
掌握成交法则，让客户非买不可

　　各行有各行的"道"，电话销售也不例外。失败总有原因，成功总有方法。一通高效而成功的电话，往往有其可圈可点之处，以及可供人研习的经验智慧；一通低效又失败的电话，往往有其本应规避的教训。

　　我们知道，以理论指导实践，以实践巩固理论，做到理论与实践相结合，是一个电话销售人员快速成长的有效途径。因此，电话销售人员掌握若干有效的成交法则，会对电话销售工作有所裨益。

你会制定电话销售话术吗

在实际工作中，我们按照电话销售的目的，可以将电话销售分为"一段式"电话销售和"二段式"电话销售。所谓"一段式"电话销售，就是以追求直接销售结果为目的的电话销售模式，这种销售模式主要是通过打电话完成交易。所谓"二段式"电话销售，需要与拜访等销售方式互相结合，以邀约和挖掘线索为主要目的。

当前，大部分企业还是以"一段式"电话销售为主，我们在这里也重点阐述"一段式"电话销售。同时，本书讲述的"电话销售"，主要也指的是"一段式"电话销售。

很多企业为了促进电话销售工作的开展，相应地制定了电话销售话术，从而促进电话销售工作的规范化管理。应该说，掌握一套行之有效的电话销售话术，对于快速提高销售人员的电话销售能力，还是很有帮助的。一般来说，一套电话销售话术都是基于客户的心理认知规律归纳出来的。下面我们按照客户的心理认知规律来讲解在下述4个阶段如何展开销售话术。

1. 接触了解

我们知道，客户在刚开始时对电话销售人员是持有疑虑态度的，为此，销售人员需要付出一定的筛选和试错成本。那么，如何利用低成本的拓展模式，开启你与目标客户的接触，并使客户对你的产品或企业有相应的了解呢？对此，销售人员最好能有好的反馈系统设计，起码可以知道潜在客户是否已经在关注你的产品或服务。

比如，你在打电话之前，可以先给客户发封电子邮件，通过设置"阅读回执"，可以知道客户是否阅读了邮件。若客户了解了邮件内容，你在给客户打电话以前，就可以在一定程度上规避不必要的误会。

2. 建立信任

我们在前期与客户有了一定的接触了解后，接下来就该与客户进行电话沟通了。在该步骤中，开场白非常重要，这是因为，当一个人接到陌生人打来的电话时，总会有这样的疑问："你是谁？""你是怎么知道我的信息的？""你找我有什么事？""这个事情对我有什么好处？"等。

为此，销售人员要通过开场白快速解决客户心里的这些疑问，才有继续沟通的可能。我的一位朋友曾经接到百度公司的一位电话销售人员向他销售百度竞价排名服务，这位销售人员是这样说开场白的：

电话销售人员："您好，请问您是竹石咨询的唐人老师吗？"

客户："我是，你是哪位？"

电话销售人员："唐老师，我叫宋婉。我是在网络上看到您的文章，才知道您的联系方式的。唐老师现在讲话方便吗？"

客户："哦，是这样啊。你有什么事情吗？"

到这一步时，我的那位朋友还以为对方是向其咨询业务的客户，不管后面怎样进行，这样的开场白，起码使得双方的沟通得以延续，使得接下来的潜在销售成为可能，还是很有可借鉴之处的。

3. 渴望拥有

一般来说，在开场白之后，销售人员接着就是要激发客户的兴趣，让客户渴望拥有，就像烧开水一样，不断加温，不断地激发客户的兴趣，提升客户的购买欲望。这里我们选择一个招聘行业的电话销售案例：

电话销售人员："朱经理，您好！请问贵公司有招聘的需要吗？"

客户："有的。我们在招聘3个电工。"

电话销售人员："请问您这3个职位空缺多久了？"

客户："好像有一段时间了。"

电话销售人员："大概多久呢？"

客户："哦！有半个多月了吧。"

电话销售人员："这么久了！那您不着急吗？"

客户："不急，老板也没提这个事情。"

电话销售人员："朱经理，老板没提这个事可能是因为他事情太多，没注意到这个问题。但是您想过没有？万一在电工没到位的这段时间，工厂的电器或电路发生问题该怎么办呢？"

客户："……"（无语，沉默。）

正如我们曾在前面所分析过的，当销售人员用潜在的风险触及客户的痛点时，客户的沉默可能代表一种倾向于购买意愿的心理变化。

4. 决定购买

我们继续承接上面的案例：

电话销售人员："朱经理，我知道您的工作一向做得都很棒，老板非常认可。很多事情不怕一万，就怕万一。如果万一工厂出现了什么事情，而老板却发现电工还没有到位，那肯定会对您有影响。您为这家公司也付出了很多，如果因为一件小事情而受到影响，肯定划不来。建议您尽快把电工招到位。"

客户："你说的好像也有一些道理。"

电话销售人员："我本周六给您安排一场招聘会，您看怎么样呢？"

客户："好啊！那就安排一场吧。"

电话销售人员："好的，那麻烦您让人尽快把资料发给我，我好在报纸上帮您做点宣传，确保电工招聘到位。"

客户："好的。谢谢你了。再见。"

总之，销售人员要用心锤炼话术，在做好每个阶段的准备后，一步步地将销售环节推向成交。其实，成交都是有方法可循的，只要用心勤加练习，你也能够做得到！

胜负各半——直接成交法

直接成交是一种直截了当的成交方式，在这种情况下，客户可以选择成交或不成交，对于销售人员来说，获得肯定与否定的概率相同，都是50%。为了提高成交率，销售人员应该在前期激发客户的购买欲望，并且在双方关系融洽的情况下向客户提出成交意向。

一般来说，当销售人员与客户的关系没有达到一定熟悉度的时候，销售人员贸然询问客户是否选择成交，可能会引起客户的反感，并失去销售过程中的引导控制权。我们接下来看常见的直接成交法的几种常见说辞：

"李经理，早点解决早点受益，您说呢？"

"不如我们定下送货时间，那样下个星期您就可以使用了。"

"我现在将申请表发给您，您确认一下就好了，等到明天上午您就可以使用这项新的服务了！"

"为了能够让您尽快看到效果，我现在就帮您下单，好吗？"

"刘经理，按照我们刚才探讨过的，使用这套节电系统可以帮助您每月节省3000元的电费，与其等到下个月，不如现在就定下来，这样就可以多节省3000元，您说呢？"

通过上面几种直接成交的说辞可以看出，销售人员在运用直接成交法时，往往是与客户之间已经有了一定的沟通基础。一般来说，销售人员在使用直接成交法时，总会伴随使用其他销售技巧。比如，先假设出一种客户希望出现的情景，激发客户的想象空间，然后进行价值对比，让客户明白付出和回报之间的对比价值关系，促使客户明白做出购买决定是物超所值的。我们来看下面的几个例子：

"如果有一种方法可以帮助您解决令人头痛的客户资料收集问题，您想具体了解一下吗？"

"如果您每一次打通的电话都能够找到自己想要找到的关键联系人，有没有可能将销售业绩提升30%以上？"

"如果仅仅投资980元，就可以一年增加18万元的销售业绩，这样的投资，您觉得值不值得？"

"如果连980元都不要，仅仅需要680元，是不是更加物有所值？是不是更加划算呢？"

销售人员在进行直接询问时，先做出某种假设，通过这种假设，给客户形成价值对比，促使客户下定决心购买。一般来说，这种假设都要倾向于使客户做出有益于成交的回答。

同时，为了坚定客户购买的决心，销售人员还可以通过一些附加利益来吸引客户。举例来说，我们平时到商场买衣服，感觉某件衣服不错，又有些犹豫不决，这时导购员告诉我们"如果您现在购买，可以享受到某些额外的优惠"，这时，额外的优惠会让我们更加觉得物超所值，就会给出自己购买的理由，决定购买了也心安理得。我们来看下面的成交说辞：

"今天是本月最后1天，优惠仅此一天，过期不候，凡今日购买，专享商品推广价，享受九折优惠！"

"如果您现在确认购买，我帮您找经理申请一下，送给您一份精美的礼品！"

　　"如果满足您的要求，并且再优惠5%的话，您是不是马上可以做出购买决定呢？"

　　总的来说，为客户做出积极的假设，再辅以相应的附加利益，在这种情况下，销售人员向客户提出成交性的建议，往往有助于提升成交概率。

二选一——选择成交法

有个故事是这样的：两个卖早点的人，在客户买早点时，第一个卖早点的人问客户："要不要加茶鸡蛋？"大部分客户说不加。第二个卖早点的人这样问客户："您是加一个茶鸡蛋还是加两个茶鸡蛋？"无论客户选择哪一个结果，都会至少加一个茶鸡蛋。于是，到第二个卖早点的摊位就餐的客户，基本上至少点了一个茶鸡蛋。一天经营下来，第二个卖早点的人仅在茶鸡蛋这一项就有很高的销售额。

卖同样的东西，问法不一样，销量竟然有天壤之别。第一个卖早点的人采用的问法相当于直接成交法，问客户"加还是不加"，通常来说，在销售中，若销售人员和客户之间缺乏有效的沟通，却又询问客户是否购买时，客户大多会选择"不购买"，这在很大程度上源于客户面对陌生人时的自我保护心理；第二个卖早点的人给出两个答案供客户选择，即"加一个还是加两个"，由于答案已经有了限制，这样的话，无论客户从中做出什么样的选择，对销售人员都是有利的。

在上面的例子中，第二个卖早点的人就采用了"选择成交法"，让客户"二选一"，这样的话，客户选择的结果对销售人员大多是有利的。

其实，有很多企业意识到了选择成交法的魅力，也在积极地运用。比如，日本丰田汽车公司曾经这样培训加油站的员工，即要求员工走到客户身边开口就问："我给您装满X牌汽油，还是Y牌汽油？"由于客户还没有说要加满汽油，因此，加油站员工的这种问法，包含了这样两个意思：首先是装满汽油，然后是询问客户需要两种品牌中的哪一种？这样的话，无论客户选择哪一种，都意味着客户已经决定购买了。

关于选择成交法的一些具体问法，我们来看下面几个例子：

"如果没有其他问题了，您是希望自己在家自行组装，还是我们派人上门指导安装？"

"您觉得单机版比较好，还是网络版更适合您公司的实际情况？"

"这次培训课您觉得是单独给销售部门上比较好，还是销售部门与市场部门一起参加比较好呢？"

"您喜欢哪一款呢？是去年推出的经典款式，还是今年刚推出的流行浪漫款式？"

一般来说，销售人员在提出二选一的问题时，要设计好问题，确保便于客户做出答复，从而帮客户下决心购买。比如，当准客户一再出现购买信号，却又犹豫不决、拿不定主意时，销售人员就可以采用"二选一"的成交技巧。以客户购买汽车为例，销售人员可以这样问客户："请问您是要那部浅灰色的车还是那部银白色的呢？""请问是星期二还是星期三送到您府上呢？"这样一来，销售人员就在无形之中增强了客户的购买决心，将销售引向成交环节。

顾问式服务，让成交水到渠成

近几年，销售领域盛行"顾问式销售"的概念。所谓顾问式销售，主要体现在了解客户的需求，帮助客户界定需要，从而为客户增加价值上。通常来说，顾问式销售的关键技巧在于提问，比如，"你知道钓什么鱼要用什么鱼钩吗？""你怎么把这架帆船运回去呢？"等问题，从而一步步地甄别出客户的需求，在为客户提供顾问式服务的同时，也丰富了客户的相关产品常识。

我们通过下面的电话销售案例，看一下销售人员是如何进行顾问式销售的。

电话销售人员："请问你们工厂安装了节电设备没有？"（背景问题）

客户："没有。"

电话销售人员："据我所知，你们在控制成本方面做得相当不错，那么在实际操作过程中有没有困难？"（难点问题）

客户："在保证产品质量和提高职工待遇的前提下，我们一直致力于追求生产效益最大化，因此在控制物料和人工成本方面着实下了一番功夫，确实取得了一定的效益，但在控制电费的支出上，我们还是束手无策。"

电话销售人员："那是不是说你们在民用高峰期也要支付超高的电费？"（难点问题）

客户："是的，尤其是每年的6、7、8三个月份的电费高得惊人，我们实在想不出还有什么可以省电的办法了。事实上，我们那几个月的负荷也并没有比平时增加多少。"

电话销售人员："除了电费惊人，你们是否注意到那几个月份的电压也不稳？"（难点问题）

客户："的确是这样，工人们反映那几个月电压往往偏高，也有偏低的时候，不过相差并不是很多。"

电话销售人员："为防止民用高峰期电压不足及减少供电线路的损耗，电力部门供电时会以较高的电压传输。请问电压偏高对你们费用的支付意味着什么呢？"（暗示问题）

客户："那肯定会增加我们实际的使用量，使我们不得不支付额外的电费。"

电话销售人员："除了支付额外的电费，电压偏高或不稳对你们的设备，比如电机有什么影响？"（暗示问题）

客户："温度升高缩短使用寿命，增加维护和修理的工作量和费用。严重的可能直接损坏设备，使生产不能正常进行，甚至全线停产。"

电话销售人员："有没有因电压不稳损坏设备的情况发生呢？最大的损失有多少？"（暗示问题）

客户："有，去年发生了两起，最严重的一起是烧毁一台大型烘干机，直接损失就达50万元。"

电话销售人员："如此说来，节约电费对你们工厂的成本控制非常重要？"（需求——效益问题）

客户："是的，这一项支出如果能减少，那就意味着我们的效益会增加。"

电话销售人员："稳定电压对你们来说是不是意义更为重大？"（需求——效益问题）

客户："是的，这不仅可以维持生产的正常运行，还可以延长我们设备的使用寿命。"

电话销售人员："从您所描述的情况可以看出，你们最需要的是既能节

约电费又能稳定电压的解决办法，是吗？"（需求——效益问题）

客户："是的，这对我们来说至关重要，我们非常需要解决电费惊人和电压不稳的问题，这不但能帮我们降低成本、增加效益，而且可以减少事故发生频率，延长设备的使用寿命，保证我们的生产正常运行。"（明确需求）

在上述案例中，销售人员便是通过顾问式服务，逐步归纳和确认用户的需求，当用户明确表示正在为解决这种需求而努力时，销售人员要推销的产品恰好可以满足客户的需求，那么对接下来的成交显然是有利的。

"先试用一下"，更易促成交

任何一个人在第一次接触某种新鲜的东西时，都不可避免地会有所担心，这时，可以建议对方先少量试用。通过试用，培养起客户对产品的信心后，销售人员接着就有可能会获得更大的订单。我们来看下面关于"试用"的一些销售说法：

"侯经理，我们是第一次接触，彼此不是很了解，我有一个建议，您第一次可以少买一点，如果您在使用后觉得效果不错，再多买一点，您看如何呢？"

"按照贵公司业务部门的规模，需要五期才能培训完，不过我建议您先做一期比较好，如果觉得我们的培训的确能够帮得上您，您再增加也不晚。您看呢？"

"黄经理，我建议您先开通一个月权限试试，使用一个月后，如果您觉得很满意，我们再续约也不晚，您觉得呢？"

一般来说，"试用"大多是以少量、期限短、客户投入少，甚至零投入为特点，降低了客户购买的风险，从而增强了客户尝试产品或服务效果的信心。我们来看某培训机构在进行电话招生时的一个案例。其中，"电话销售人员"指招生老师，"客户"指学员。

电话销售人员："您好，请问是高长江同学吗？"

客户："是的，请问您是哪位？"

电话销售人员："我是尖峰培训中心的李舸老师。我看到您在咱们网站上咨询留言了，请问您是为自己咨询学习吗？"

客户："是的。我是高中毕业，不知道能否学会？"

电话销售人员："咱们这里不少毕业学员都是高中毕业，只要在老师的教导下好好学，学会是没有问题的。请问您要选择哪门技术呢？是Java、Android，还是iOS开发？"

客户："我想了解下iOS开发。我以前没有专门学过计算机专业，真的不知能否学会。请问您那里学费多少呢？学完后包就业吗？"

电话销售人员："您放心，高长江同学，咱们一期学不会，下期可以免费接着学。咱们这里很多学员原来不是学习计算机专业的，只要好好学，跟着老师的教学步伐走，学会是没有问题的。咱们学员开始正式学习时，我们会和每个学员签订就业安排协议，安排工作的薪水达不到要求的话，一律全额退还学费。"

客户："请问学费多少呢？学期多长呢？"

电话销售人员："学费18900元。您可以一次性交齐，也可以分期付款，我们可以协助您办理贷款。学期一般是4个月。"

客户："学费不低，学期不是很长。我真的不知道自己能否学会，要是学不会，学费可就白花了。"

电话销售人员："咱们这里也可以免费试学一个月。试学期间主要学习基础课程，通过试学，您如果能够学会，说明您具备了一定的基础，可以正式学习了；如果试学期间感觉学习有难度，也不用您承担任何费用。您看这样好吗，同学？"

客户："这样的话还好些。试学期间什么都不用交吗？"

电话销售人员："是的。试学期间，您只要带上身份证和学历证来登记一下，您在试学期间的住宿、餐饮、交通费用需自理。为了体现教学规范化，前来试学的学员需要提前预约，我这里登记一下。您看是否确定试学，以及哪天来试学呢，高长江同学？我都您做下安排。"

客户："好的，登记下吧，我大概下周一过去。"

电话销售人员："好的，我登记上了。您过来时路上注意安全，同学！再见！"

通过上面的案例可以看出，学员本来有一系列顾虑，可能要放弃，招生老师的"免费试学"及时地挽留住了学员。可以说，在销售中，"试用"可以降低客户的消费门槛，从而为成交提供有利条件。

拜客户为师,就能出奇制胜

孔子曾经说"三人行,必有我师焉",实际上,人们普遍有种好为人师的心理。其实,按照马斯洛的需求层次理论,人们在满足基本的物质生存需求后,就会有种谋求他人与社会尊重的心理需求。因此,如果你能多向一个人请教问题,并表示出足够的尊重,就会有利于对方的心情愉悦,从而对你们之间的沟通起到积极的作用。

在电话销售中,有些销售人员仿佛比客户更懂行,他们总是使出浑身解数给客户做讲解,可是客户就是不买账、不签单。这个时候,假如销售人员转换下思维,主动拜客户为师,可能会峰回路转,获得意料之外的效果。我们来看下面的话术:

"陈经理,虽然我知道我们的产品绝对适合您,可我的能力太差了,无法说服您,我认输了。不过,在告辞之前,请您指出我的不足,让我有一个改进的机会好吗?"

一般来说,像上述这种谦卑的话,不但很容易满足对方的虚荣心,还会消除客户对你的对抗情绪。这时候,可能会一边指点你,一边鼓励你,为了给你打气,客户有时还会给你一张意外的订单,"以资鼓励"。我们来看下面的案例:

电话销售人员："您好，吴总，我们联系了三个月，请问您对这份人身意外险还有什么需要小赵我解释的吗？"

客户："没有了，抱歉，我真的不需要。为了不浪费你的时间，请你看别人是否需要吧。"

电话销售人员："我理解的，吴总。这份保险销售的工作，是我大学毕业后从事的第一份工作。我在入职时努力学习业务知识，希望为咱们客户提供最好的服务。其实，一份人身意外险，一年仅需120元，每个月才需要10元钱，我们少喝杯茶，这份保费就出来了，同时可以为我们带来意外的保险赔偿。所以，我觉得，您不选择购买，一定不是经济上的问题，肯定是小赵我在哪些方面做得不够好。为了便于我以后改进工作，请吴总不吝赐教，指出我的不足，也算是帮我提升我的能力吧，您看好吗，吴总？"

客户："其实没什么了，小赵，我觉得你做得还行，能坚持，有毅力，只是我真的不太相信这种在电话里买保险的事情，这样买保险可靠吗？"

电话销售人员："谢谢您的提醒，吴总，您在电话里购买保险是没有问题的，您可以在电话里提供身份证信息，我们可以通过手机短信验证码来确认是您本人购买的，另外，您还可以登录我们的网址，从中选择您要购买的保险种类，并在保险工作人员一栏中输入我的工号，就可以的。生效是没问题的。咱们采用的是电子签名，与现实中手签的效力是一样的，您还可以将电子保单打印出来，通过拨打咱们的客服电话，或者到市内保险营业厅核实，这个请您放心的。"

客户："既然这样，那好吧，我就购买一份吧。"

电话销售人员："谢谢吴总对我工作的支持，也谢谢吴总对我的教导。"

在上面的案例中，销售人员通过在最后环节"拜客户为师"，请客户指出自己的问题，然后有针对性地改进，在进一步打消客户疑虑的基础上，客户感受到了尊重，也就选择了购买。

关于成交的一些建议

在销售实战中，相信每个人都会总结出一系列有效而实用的成交技巧。在这里，我们主要针对成交提出一些建议，从而规避成交环节中不必要的失误，改进成交效果。具体如下：

1. 销售过程中不要操之过急

销售就像烧水，得按规则一步步地来。热量不够，水烧不开；同样，工夫下得不够，去人为加速成交的到来，只会欲速而不达。因此，销售人员一定要有耐心。

2. 记得询问客户想达到什么样的目标

当你了解客户想要的目标，又积极地为实现客户的目标而努力，你提供的产品或服务又恰好能满足客户的目标时，你就会比竞争对手更易于成功。

3. 假如产品因为价格原因不能成交，你可以向领导反馈

如果你一次又一次地因为价格问题做不成生意，比如说价格过高，这时，你要向自己的上级领导反映。毕竟产品是要推向市场供客户消费的，假如产品由于价格问题不能使市场普遍接受，作为一线销售人员，你要积极地向领导反馈。当然，你不能一遇到客户的拒绝就反馈"价格高"，你要收集到足够的有证明力的资料才行。

4. 如果销售环境和行业适合，可以考虑使用视觉辅助工具

一般来说，电话销售大多是通过电话进行沟通，那么，在传统的电话沟

通之外，我们再添加进其他沟通形式，如面对面远程沟通是否可以呢？现在4G技术已经普及，可以支持在线语音与视频；同时，公共免费WIFI也在普及，那么，销售人员在给客户打电话时，是否可以考虑拨过去视频电话？这样的话，销售人员与客户可以实现面对面实时沟通，便于沟通的充分表达。

5. 沟通时要善于做记录

请记住"好记性不如烂笔头"，优秀的电话销售人员在每次通话后，总会认真地做好记录，这时，与客户沟通时做的笔记就显得很重要。

6. 要记住你是和某个人（或一群人）打交道，而不是某个机构

当然，当你打过去电话时，你虽然代表的是你们公司，但做陈述的是你而不是你们公司。因此，应当努力建立人与人之间的关系，而不是两家实体公司之间的关系。所以，你要让你的客户知道，是你要做这笔生意，而不是你们公司。为此，你要发挥出足够的个人魅力。

7. 不要以为自己可以应对所有人

我国有句古话："不因人废言，也不因言废人。"然而实际上，沟通双方的身份会对沟通效果产生明显的影响。举例来说，假如你是一位20多岁的女士，对方是一位60多岁的老人，这时，老年客户可能不会把你当作专业人士来看待。如果你发现了这个问题，就应及时找位比较成熟、稳重，起码让老年客户感觉"够专业"的同事帮忙做产品陈述。在实战经验中，这种方法很有效，尤其是在打消客户疑虑的时候。

8. 要瞄准高层

即便你不能向客户所在公司的高层管理者做产品陈述，以及这位高层不会直接参与你这次推销活动的购买决策，那么这位高层也会在无形中成为你十分强大的"同盟"，毕竟从高层这里有助于获得"权威推荐"。同时，你还要关注购买决策者的动向。

最后，请你务必履行诺言，客户会因此而记住你。

中篇

如何降低拒绝率

◆ 成功的销售都是从被拒绝开始的

◆ 客户开口就拒绝怎么办

◆ 如何应对客户的顾虑

◆ 处理拒绝的原则和方法

第五章
成功的销售都是从被拒绝开始的

很多时候，销售人员一天要同几十个甚至上百个潜在客户交谈，忍受对方的抱怨和粗暴的拒绝，但是，一个月下来的业绩收入还是没有显著增加。

作为销售人员，请不要为客户的拒绝找借口，正如乔·吉拉德所说："销售的失败是没有任何借口的，你失败的唯一原因是你还不够认真，还不够努力。"实际上，在任何一场成功的交易中，几乎总能看见拒绝的身影。正是因为面对客户的拒绝，我们才要"逢山开路，遇水架桥"，同时还要见招拆招，从而一步步走向成交。可以说，成功的销售都是从被拒绝开始的。

从自身角度看为什么被拒绝

销售人员每天都会拨打不计其数的电话，给客户发送无数封电子邮件，然而绝大部分都石沉大海。通常情况下，一位优秀的销售人员能够预测到客户可能的拒绝，并努力防止这种情况发生。然而，销售新人普遍缺乏这种预防拒绝的技和意识，因此在客户一再拒绝时会不知所措。

实际上，当我们面对客户的拒绝时，不妨多花几分钟时间思考这几个问题：你能够听出拒绝背后的原因吗？你是不是在听到客户的拒绝后就快速地挂断电话？你是否意识到由于害怕被拒绝而影响了自己能力的正常发挥？你是说了什么话，做了什么举动，让客户拒绝了你？

通常来说，客户拒绝销售人员，往往是因为销售人员存在以下几个问题：

1. 害怕被拒绝

有些销售人员生怕被客户拒绝，在这种心理的作用下，就会想办法结束与客户的沟通，从而避免被客户"抢先"拒绝。我曾听到有销售人员这样回答客户："您好像很忙，那您先忙吧。再见！"实际上，这是谈话的一个忌讳。如果一个人忙别的事，你就结束与对方的谈话，说明别人忙的事要比你重要。而且这也是你本身不够自信的一种表现。

可以说，如果一个人害怕拒绝，他就最终会把客户、朋友，甚至家人推开，久而久之，就会形成恶性循环。应该说，如果你想继续从事销售职业，就一定不能害怕拒绝；否则，销售职业可能不适合你。

2. 自我形象不佳

当我们在和客户沟通时，应该问自己三个问题：你认为自己是所涉足领域的专家吗？你能够给客户带来好的消息吗？你能够解决难题吗？如果你能够对这三个问题做出肯定的回答，你往往可以与客户进行顺畅的交流；否则，你可能在胆怯地、消极地联系客户。

实际上，能否回答出上述三个问题，与你所展示出的形象密切相关。当你向客户传达出专业而自信的形象时，更容易获得客户的认可；相反，如果你向客户传达出的是沮丧、灰心，那么客户自然想对你避而远之。

3. 缺乏销售技巧

销售新人通常缺乏良好的产品销售技巧，如果没有进行必要的岗前培训，他们在刚开始工作的时候往往会困难重重。比如说，销售新人可能缺乏对客户进行筛选的技能，缺乏有吸引力的开场白，欠缺成交技巧等。为了规避这些问题，销售新人要努力学习业务知识，提高销售技能。

4. 消极的谈话

一般情况下，思想消极的人在与客户联系时，常会有这样的想法："我认为我不适合做销售。""我讲述的内容索然无味，没有人会感兴趣。""我真是厌烦要打电话的这些人，真不想联系他们。"

如果你有这种消极的心理暗示，那么必然会阻碍你的业务，因为这种消极的思想也会传递给客户，并可能引起客户的拒绝。

5. 落入偏激的旋涡中

销售人员由于主观意志不够坚定，时常会在思想上落入某种偏激的旋涡中。这主要表现为：幻想快速回报；总是被动地等待机会，却不知主动创造机会；喜欢抱怨销售的区域范围，抱怨自己的领导，过分关注外部原因，却没有认真反省自己工作的价值和目标等。

总的说来，当你发现自己被客户拒绝时，你应该认真从自身找原因，改进自己的思想，从而让自己不再成为被客户拒绝的人。

从客户角度看为什么拒绝你

当销售人员遭遇客户的拒绝时，从客户的角度看，归纳起来大致有以下10种原因：

1. 客户确实不需要你的产品或服务

做销售要有所为有所不为，销售人员不要奢望所有人都需要你的产品，你需要从茫茫人海中筛选出潜在的目标客户。举例来说，你推销的产品是婴儿奶粉，对于一些家里有婴儿的客户来说，可能会对你推销的产品感兴趣，然而其他人未必感兴趣。所以，销售人员如果发现你的某个客户的确没有这方面的需求，就不必勉强，再开发其他潜在客户即可。

2. 客户对你介绍的内容没有完全理解

我曾经接到一个保险销售人员的电话，说实话，我自始至终都没有听明白这位销售人员讲述的保险产品究竟是怎么回事。后来，我让这位销售人员在微信里给我发了份资料，我看后才对这份保险有了了解，也产生了兴趣，并最终选择了购买。所以，在很多时候，不是客户不购买，而是客户对你在电话里的陈述没有完全理解，你只有确保让客户完全理解，才能便于下一步的成交。

3. 客户不相信你说的话

很多人在接到陌生电话后，对于电话中对方所说的话，往往会在脑海中打个问号，会对销售人员讲的话表示质疑。这时，你要先和客户建立起信任关系，客户才能听信你所讲的内容。

4. 客户认为购买你的产品会有一定的阻力

有些客户之前已经有合作的供应商，如果选择你做新的供应商，会在他们的现有采购体系里遭遇一定的阻力。这个时候，你在做通现有客户工作的基础上，还应了解是否还有其他人会影响你和客户之间的合作。

5. 客户购买你的产品确实存在一定的困难

有些客户在购买产品时，需要对方能够开具增值税发票，便于本企业的税款抵扣，而你仅是小规模纳税人，无法提供增值税发票。这时，客户要下决心从你这里购买，的确会存在一定的困难。因此，你要想办法实现客户的正常需求，从而克服这种困难。

6. 客户没有权力做出购买的决定

如果你的客户是某个单位，那么你找到的客户是否是最终能够拍板的人？假如你长时间联系的客户没有购买决策权，你就要及时地询问具有决策权的人，从而找到真正的谈判对象。

7. 客户害怕销售人员

有些销售人员给人的印象是"为达目的，不择手段"。为此，一些客户觉得销售人员这个群体和常人不一样，仿佛和你沟通只是为了让你购买、从你身上赚钱。基于此，有些客户会对销售人员有所忌惮。对此，销售人员要努力纠正客户对销售人员的恐惧。

8. 客户害怕改变

客户如果尝试新产品，往往意味着要与旧产品说"再见"。有些客户适应了过去的生活状态，认为改变产品会相应地改变其生活，所以，客户宁肯继续沿用以往的旧产品。对此，销售人员要努力帮助客户转变消费观念。

9. 客户曾经遭遇过"惨败"，说"不"是他们最好的自我保护

在现实中，有些客户有过被销售人员忽悠的经历，因此一见到销售人员就会产生自我保护的心理。对此，销售人员要展示诚信的形象，减轻客户的疑虑。

10. 客户还没有接受你推销的产品

客户最终选择购买产品，除了接受销售人员本人的服务，还表示对产品的认可与接受。假如从客户的角度看，还没有接受你的产品，那么在你提出成交时，就往往会拒绝你。

产生拒绝的5个诱因

在销售领域，发生变化的因素有很多，唯有一项不变的是客户的拒绝。如果我们花费一番工夫研究导致客户拒绝的原因，会发现客户的拒绝主要源于5种诱因，基于这些诱因，我们可以对客户的拒绝予以分类。下面详述这5种诱因：

1. 需求

客户发出拒绝时，最直接的因素是需求感知问题，或者说客户觉得没有这样的需求，或者这样的需求在自己的需求层次体系中处于不重要的位置。通常客户在这方面的拒绝说辞有：

"我们没有这方面的需求。"

"我不感兴趣。"

"我们现在不打算购买。"

"我们对当前使用的产品很满意。"

"这不是一个优先考虑的问题，以后再说吧。"

当面对客户基于需求因素发出的拒绝时，我们可以这样做：对客户进行判断，来确定客户是否有潜在需求；给客户做一个强有力的介绍，让客户了解这种需求的紧迫性；确定客户是否真正地了解你告知的内容。

2. 关系

一般来说，人们通常喜欢与自己喜欢的人保持联系。当你的客户拒绝你时，往往是因为你与客户的关系不融洽，客户对你缺乏信任，或者不喜欢你的个性。在这种情况下，销售人员要想取代竞争对手或者加入客户的供应商行列，就存在一定难度。通常，客户基于关系因素做出的拒绝说辞有：

"我们已经制定了候选名单，你现在打电话已经太晚了。"

"我们与当前的合作伙伴合作得非常愉快。"

"你不是我们认可的经销商。"

"我们对当前使用的产品已经做了很大投资，不会轻易更换供应商的。"

当遭遇上述拒绝时，我们可以这样做：谋求建立与客户的信任和融洽关系；学会在销售中战胜竞争对手；确定是先给你的客户做推销，还是先进行教育培训；可以尝试给不同职位的人打电话。

3. 决策权

有时候，接到你电话的客户可能不是拥有购买决策权的人，对方没有决策权，即便前期与你斡旋，最终还是可能会拒绝。这时，你要能够识别出有决策权的客户。通常情况下，那些没有决策权的客户拒绝的说辞有：

"购买决定由我们公司总部负责。"

"我的上级领导不同意这个项目。"

"我不负责这方面的业务，你可以打电话给我的行政助理。"

"你可以发封电子邮件到我的邮箱。如果我们感兴趣，会和你联系。"

当面临这类拒绝时，我们可以这样做：要了解你正在沟通的客户的权限范围，以及了解包括更多决策者的行政管理系统；努力展示你的产品，设法将其提高到"热门话题"；在销售早期，把期望值设定在最高水平。

4. 产品与服务

假如客户的知识渊博，而且喜欢吹毛求疵，那就会对一些繁杂的事情缺乏耐心，他们会希望你的产品更具功能性，作用更加强大。倘若你的产品质量欠佳或者你的公司声誉不好，他们很可能会因此拒绝你。客户在这方面的拒绝说辞有：

"你为我们提供的服务太复杂了。"

"你为我们提供的产品，在设计方面不符合我们的要求。"

"我们与贵公司在之前合作得很不愉快。"

面对这类拒绝，我们可以这样做：表示给客户提供学习和了解本公司产品的机会；确保提供低价且使用方便的产品；通过你提供的附加价值来克服客户的恐惧感。

5. 价格

并不是所有人都能买得起他们需要的产品，这也是很多客户拒绝销售人员的原因。实际上，这种由于价格因素形成的拒绝，并非绝对的，如果客户了解产品或服务带来的价值，那么客户往往就会克服价格压力选择购买。在工作中，客户基于价格因素做出拒绝的说辞有：

"没有这方面的投资预算，而且你们的价格太高了。"

"你们公司的产品太贵了，我们承担不起。"

"价格太贵，而且里面有些功能是我们不需要的。"

当面临这种拒绝时，我们可以这样做：向客户解释，我们的产品物有所值；要确定客户是否掌握购买的决策权；要多花时间与客户讨论产品的价值，不要过多地讨论预算问题；想办法给客户的高层领导打电话，了解其购买价位。

"我们现在根本不需要"

"不需要"几乎是客户的口头禅，客户这么说往往并不代表其真的不需要。对此，电话销售人员千万别当真，要学会洞悉客户真正的想法，激发客户的购买欲望，从而让客户变"不需要"为"不得不需要"。

在现实中，客户的"不需要"等口头禅有时是销售人员问出来的结果。因为不少销售人员一接通电话，就不停地推销产品，我们设身处地想一想，假如你接到一个陌生电话，对方一开口就推销某种产品，你是否会自然地说"不需要"？相信你也会说"不需要"，毕竟在自己还不很了解的情况下，为了摆脱对方，"不需要"就是一个可以理解的借口。

还有一种情况是，客户说"不需要"后，并没有马上挂断电话，而是想给销售人员留一点儿时间，观察销售人员的表现。这时，如果电话销售人员能让客户满意，那么客户可能会愿意在一些问题上与销售人员进行交流，从而给成交提供了机会；倘若销售人员听到客户说"不需要"，就以为没有再沟通的必要了，那么客户就真的"不需要"了。

电话销售人员："您好，请问是鸿坤公司吗？"

客户："是的，什么事情？"

电话销售人员："是这样的，我是华智公司的崔洁，我们是专业从事网站建设的，我想请问一下贵公司最近有没有这样的需求？"

客户："不好意思，我们已经有自己的网站了，不需要。"

电话销售人员："没关系，这样吧，我发一份资料给您，如果你们有需要的话再和我联系，好吗？"

客户："不用了。"

电话销售人员："那好吧，谢谢！"（主动挂断电话）

在上面的案例中，电话销售人员有这样几处明显的失误：

1. 在没有了解客户之前就急着推销产品

案例中的电话销售人员一开口就推销自己的产品，问客户"有没有这方面的需求"，这个问题让客户怎么回答呢？没有哪个客户会在没有搞清楚销售人员及其产品的情况下，就轻易地告知销售人员有需求。所以，销售人员问这样的问题，无形之中是在诱导客户回答"不需要"。

2. 没有请教客户的身份和姓名

俗话说"知己知彼，百战不殆"，销售人员在对接电话的客户几乎一无所知的情况下询问对方"是否需要"，应该说得到"不需要"的答复在情理之中。一般情况下，客户会习惯性地拒绝一些推销电话，尤其对方不是销售人员要找的购买决策者时，对方在拒绝时会更加理直气壮，毕竟不属于自己的职责范围。

3. 没有与客户建立起信任关系，就要求客户有需求和自己联系

可以说，销售人员在没有有效地同客户建立起信任关系时，就让客户有需求找自己，有些自作多情。这种情况下，客户即便答应，往往也是敷衍，或是出于礼貌性的应答。

4. 没有争取最后一线机会，自己打败了自己

通常来说，在客户还没有挂断电话时，销售人员切忌主动挂断电话，一定要等客户挂断电话后再挂断。

"我们已经有供应商了"

销售人员在开发新客户时，常会听到对方表示"已经有供应商了"，这时，销售人员是否应该放弃呢？答案是不应该。其实，客户表示"已经有供应商"，起码说明客户有这方面的需求，而且付诸了行动。假如客户对价格比较敏感的话，在可能的情况下，我们可以以价格为切入点，告知客户可以提供比现有供应商更低的报价。

当然，如果客户有了合作供应商，而且双方现阶段合作很愉快的话，电话销售人员就不要急于进行强势推销，先拉近双方的关系再说。比如，隔三岔五地打个电话与客户联络感情，偶尔送点小礼品给客户，在双方具有一定的感情基础后再发起推销攻势。此外，销售人员还可以请教客户选择现有供应商的原因，表示自己愿意学习，并且愿意做得更好，也便于拉近与客户的关系。我们来看下面的案例：

电话销售人员："早上好，胡经理！"

客户："早上好，哪位？"

电话销售人员："我是都市人才市场的何磊。胡经理，不知您现在接电话方便吗？"

客户："还可以。原来你是都市人才的啊，是关于招聘方面的业务合作吗？抱歉，我们已经有合作伙伴了。"

电话销售人员："我知道，不过没有关系。胡经理，其实我今天特意给您打电话，并没有其他意思，只是想和您问个好而已！"

客户"哦，那谢谢了。"

电话销售人员："除了给您问好之外，我还带了一份礼品给您，希望您喜欢。"

客户："是吗，什么礼品？"

电话销售人员："是一本由某人力资源专家所著的人力资源管理方面的新作，书名叫……麻烦您给个地址就可以了。"

客户："那太感谢了，我的地址是……收件人写我的名字就可以了。"

电话销售人员："好的，我马上给您寄过去。其实，我在购书中心看书时，认真看了几本人力资源方面的畅销书，对这本书的专业性比较满意，所以特地买来送给一位有缘分的朋友，希望您能喜欢。"

客户："你自己买的？那真不好意思啊。"

电话销售人员："小事情而已，重要的是胡经理您喜欢就好，这样也说明我的眼光好。"

客户："呵呵，还是谢谢了。顺便发一份你们公司的资料过来吧，我回头看看。"

电话销售人员："好的，那今天就先这样。"

客户："再见！"

在上面的案例中，客户已经有了供应商合作伙伴，这时，电话销售人员采取了和客户拉近关系的做法，在工作关系之外，以个人名义送客户一本专业书籍，这就在某种程度上与客户建立起了一种个人感情。我们知道，人都是有感情的，有来有往，客户收了礼物，自然会有回报，所以客户表示"发一份你们公司的资料看看"。当然，电话销售人员最终能否与客户建立起合作关系，还要看电话销售人员在推动销售成交过程中的努力。

"从没听说过这个牌子"

销售人员在与客户沟通时，客户有时会对产品的品牌表示缺乏了解，或者表示产品的品牌知名度小，并以此为借口表示拒绝。遇到这种情况时，有些电话销售人员会顿时不知所措，突然被客户问住，要么胡乱回答，要么生硬地转移话题，或者说得很牵强，从而让客户失去兴趣。

一般来说，有经验的电话销售人员在听到客户的这种问题时，会根据当时的情况合理地组织话术，让自己的回答听上去尽可能真实，而且有说服力。如果产品的品牌确实有一定的知名度，销售人员可以直言相告，比如公司的悠久历史，以及产品曾经获得的荣誉等，这样的话，客户理解起来就会容易一些；如果公司和产品的品牌不够响亮，销售人员也不要"打肿脸充胖子"，而是诚恳地对客户做好解释就行。毕竟客户要买的不是品牌本身，而是产品自身带给他的功能和益处。

另外，如果公司在名气方面处于弱势，销售人员可以多讲一些产品的优势，还可以向客户传递这样一种信息：本产品正是为了打开市场销路、创立品牌，现在才以优惠的价格进入市场，以抢占市场份额，一旦市场做起来就不会这么便宜了。我们来看下面的一个案例：

电话销售人员："您好，赵经理，这是我们公司最新推出的产品，公司投入很大，但不求短期内收回成本，现在主要是做市场、做品牌，相信3～5年内会成为国内一家知名的轮胎企业。"

客户："你再说一遍，你刚才说你们是什么品牌？"

电话销售人员："固特轮。"

客户："没有听说过这个牌子！"

电话销售人员："的确，许多人的想法与您一样，我们现在主要做电话和网络销售，不做实体专营店，目前也在一些主流媒体上做宣传活动，总的来说，知道这个牌子的人还不是很多。不过您也可以向我们的同行打听下，他们都是知道的。因为我们的产品优势很明显，对他们造成了很大的压力。"

客户："我们作为一家汽车制造厂，采购轮胎是要看品牌的，像你们这种欠缺品牌知名度的产品，恐怕我不会考虑。"

电话销售人员："理解，换作我也是一样的。毕竟一个新事物刚出来，人们不会一下子就能接受的。虽然我可以说假话，但是用过我们产品的客户不会说假话……"

客户："那么有关产品性能方面的信息，可以多提供一些吗？"

电话销售人员："没问题。"

在上述案例中，通过电话销售人员巧妙的回答，让客户将问题的焦点从品牌转移到了性能上面，这就为接下来的成交带来了可能。另外，销售人员也可以通过其他话术来做客户的工作，比如：

"不会吧，您真的没有听说过吗？像某知名企业、某大型上市公司、某管理协会用的都是我们的系统。"

"看来是我们的工作没有做好，原本我以为大部分的客户都知道我们公司，看来我们的判断有误。那么现在我给您大致介绍一下，其实我们公司早在……"

"是的，我们公司的总部在南方，我们的产品在南方也是一个非常知名的品牌。现在公司开始战略转移，将推广重心放到了北方市场。由于刚开始做，所以您听到的机会不多。不过有更好的消息是，由于公司刚开始推广北方市场，所以我们公司制订了一些优惠政策，我接下来给您介绍下。"

　　总的来说，当客户质疑产品"品牌知名度小"时，销售人员要化被动为主动，适当展示产品和公司的其他优势，从而使客户看到产品与公司的其他闪光点，对客户形成一定吸引力，才便于销售的继续开展。

"等你们促销优惠时再和我联系"

由于市场需要，销售工作总会伴随一定的促销优惠行为。基于此，一些客户或者是希望在遇到促销优惠的时候再购买，或者是干脆打发电话销售人员，以此来摆脱"纠缠"，常说"等你们以后做促销优惠时再和我联系"。实际上，销售人员如果真信了客户的这个说法，很有可能等来的是一个遥遥无期的承诺。

因此，当销售人员听到客户这样说时，应该在电话销售过程中马上处理，而不是仅仅表示"好的，等有活动了我再打电话联系您"。实际上，销售人员即便想这样做，也应该是在做完所有努力均无效之后再这样做。

如果客户得知其感兴趣的产品刚有过折扣活动，现在活动已经结束了，客户可能会不太高兴，并以"下次有优惠活动时再考虑"答复销售人员。这时，销售人员应该一方面尝试做正面处理，比如看是否有折扣等优惠可以继续申请，或者通过礼品做补偿。如果这些方法均行不通，销售人员可以从另一方面着手，比如告诉客户既然有这个需求，最好及时地解决该需求，否则拖得时间越长损失会越大，从而在一定程度上善意地提醒客户，优惠事小，倘若耽误了正常的工作、生活、学习的安排的话就不好了。我们来看下面的案例：

客户："不会吧！昨天价格还是980元，今天就升到1080元了！"

电话销售人员："是的，如果学员提前15天预订王老师课程的话，可以享受到100元的现金优惠，现在现金优惠的时间已经到期了。"

客户："那你帮我争取一下吧，我是真心想学的。"

电话销售人员："真的不好意思，因为咱们公司有明确规定，而且您交费时开出来的发票也是有日期的，优惠正好是看发票日期的。"

客户："如果这样的话，我这次就不学了，等你们下次有优惠时我再报名学习。"

电话销售人员："其实下次报名也可以，我们一样欢迎。不过先生，这会代表着您要延后一个月参加这个课程，对吗？"

客户："是的，但这样可以节省100元。"

电话销售人员："对的，您看起来节省了100元，但是您会延长一个月的时间才能了解到Photoshop课程的精髓，您想想看，一个月的时间内，您可以通过学到的Photoshop获得多少发展机会，可能远不止100元，您说呢？"

客户："倒也是，那就报名吧。"

在上面的案例中，电话销售人员将客户因未提前预订造成的优惠损失和客户延迟一个月学习造成的损失相比较，使得客户认识到及时参加学习更重要，使客户认识到孰轻孰重，不能因小失大，并最终挽留住了客户。

第六章
客户开口就拒绝怎么办

　　"对不起，我很忙""谢谢！我们不需要"……相信每个电话销售人员在打电话给客户时，客户一听是"推销电话"，开口就会说出这类拒绝的话。那么此时，作为电话销售人员，我们是应随之挂断电话，还是应该知难而进呢？

　　实际上，做销售遇到拒绝是很正常的。如果我们一听到客户拒绝，就认为没有谈下去的必要，恐怕就会错失电话销售中的很多成交机会。基于此，我们来看如何更好地处理客户开口就拒绝的问题。

客户能拒绝，但你不能急

在当今商业社会里，抓住客户心理，建立信任关系一直都是销售中最为核心的内容，在电话销售中尤其如此。对于电话销售人员来说，在没有任何身份证明，也没有出示任何商业函件的情况下，仅仅通过声音就让客户建立起强烈的信任感，这无疑是件非常困难的事情。因此，在客户的拒绝面前能否做到面不改色心不跳，是检验一个电话销售人员心理素质好坏的重要标准。

当然，电话销售人员也可以通过一些技巧和方法尽可能让客户的拒绝说不出口。比如，销售人员可以掌握一些声音技巧。具体来说，一方面，销售人员的语速要恰当，最好与客户的语速保持一致，可以说，电话营销中恰当的语速是实现交流的首要因素。有的销售人员不考虑客户的感受，只是按照自己的语速去讲，是不太容易引起客户共鸣的。另一方面，销售人员切忌像机器人一样机械地介绍公司和产品，要努力让自己的声音富有感情。销售人员要能够通过声音传递热忱的态度，从而让客户感受到你的真诚，这样的话，客户也才愿意在百忙之中听你把话说完。

此外，销售人员一定要有好的心态、有耐心，不要指望一个电话就能实现成交。面对客户的拒绝，销售人员要坦然面对，通常来说，在第一次电话交流时，客户的正常反应都是拒绝，可以说，被拒绝是电话营销的常态。这就要求销售人员培养良好的心理素质，有锲而不舍、永不放弃的韧性。

　　在与客户的沟通中，销售人员要学会倾听，懂得接受、赞美、认同客户的意见。这是因为，人们都有被赞美、被认同的欲望，这是人的本性。当客户感觉你是发自内心地尊重他时，就会有利于彼此的交流，从而减少不必要的沟通阻碍。

　　有时，客户会直接询问一些关于价格等敏感问题，这时，销售人员还要学会适当回避和绕开敏感问题，转而介绍公司或产品的优势。当客户充分了解公司的产品特点后，才能判断产品的价值，从而不至于一听到报价就吓跑。

　　销售人员还要善于把客户的反对问题转变为卖点，这就需要销售人员善于挖掘客户提出的拒绝问题，洞悉客户的需求究竟在哪里，这样的话，只要把客户的问题解决了，销售也就实现了。

　　此外，客户开口就拒绝，往往还与销售人员的开场白欠缺火候有关。因此，销售人员要努力在一开始就引起客户的兴趣，让客户把你打来的电话定义为有效电话，而不是骚扰电话，这样的话，你才有可能继续谈下去；销售人员一定要自信，敢于介绍自己和自己的公司，要自信地介绍自己所销售的产品，清楚地表达自己的意图，只有这样，客户才能在短时间内知道你是做什么的，并迅速判断你所提供的产品或服务是否正好满足客户的需求；同时，销售人员不要总是问客户是否有兴趣，而是要主动引导客户的思维，帮助客户做决定；销售人员的声音要洪亮有力、干净利落，要营造和谐的氛围，只有这样，沟通才能实现效果最大化。

　　最后，在电话营销中，销售人员在说话时要简单明了，切忌唠叨、啰唆，说话漫无目的、无重点，犹如拉家常，这样就很容易引起客户的反感。

"你从什么地方知道我电话的"

当我们与一个客户初次电话联系时，客户往往会发出"你是从什么地方知道我电话的"问题。在遇到这种问题时，销售人员该怎样回答呢？是老老实实地说"我们公司提供的客户信息"，还是说"从网上搜来的"等答法呢？这些回答显然缺乏技巧性，也容易让沟通显得乏味。我们接下来看一个案例：

客户："你怎么知道我电话的？"

电话销售人员："我想是注定的缘分，500年前的今天，我们就约好了今天打电话！"

客户："呵呵，不过你要说不清楚的话，我就要挂断电话了啊！"

电话销售人员："刘经理，从您的声音中，我就感觉到您是一位绅士，肯定不会随便挂掉一个仰慕您已久的小女孩的电话。再说，你应该看看500年前修来的缘分，以及到底能够给您带来什么样的利益。比如怎么样在不增加投入的情况下，可以使您的部门废品率降低5%以上，您说呢？"

客户："不增加投入的情况下，废品率降低5%以上？"

电话销售人员："是的，这就是我今天特意给您打电话的原因。"

客户："那你说说看，怎么帮我降低5%的废品率？"

电话销售人员："是这样的……"

在上面的案例中，我们可以将电话销售人员从哪里获得客户的电话号码视为客户的一个注意点，还可以将在不增加投入的情况下降低废品率5%以上视为客户的另一个注意点。这两个注意点相比较，显然在客户看来，后一个注意点要大于前一个注意点，因此，客户的思考焦点也随之转移，进而在无形之中化解了客户的第一个异议。另外，当客户问起"怎么知道我的电话"时，这本来就是一个容易让人敏感和戒备的话题，为此，销售人员的一个有效化解方法就是，适当开个得体的玩笑，从而促进谈话气氛的和谐。在上述案例中，销售人员就开个玩笑说是"500年前修来的缘分"，当一个心存戒备和疑虑的人听到这样有幽默色彩的话时，即便当时有些疑虑，也会缓解。

另外，如果从正面回答客户的疑虑，销售人员可以在给出一个解释之后，接着通过具有吸引力的语言转移客户的思考焦点，避免在一些敏感问题上引发无谓的纠缠，比如，销售人员可以说：

"刘经理，这是一个缘分，通过一个偶然的机会我知道了您的电话。更为重要的是，今天的缘分能够给您带来什么，比如我们可以帮助您降低公司的长途电话费30%以上……"

销售人员还可以表示是通过朋友介绍的方式获得客户电话信息的，如果介绍人同意你说出其名字时，你可以直接告诉客户"这是您的某某朋友特意介绍我联系您的"，这样的话，中间有朋友关系作为沟通纽带，不看僧面看佛面，客户起码不会那么快地挂断你的电话。

最后，销售人员还可以通过赞美的方式来做出回应，比如"像您这样的大人物，肯定很多人知道您的联系方式"，或者"您在行业里有着举足轻重的地位，自然很多人关注您的联系方式"，这样的话，通过抬高对方的身份地位，同时降低自己的姿态，从而获得对方的理解。

"我现在很忙，没有时间"

  当销售人员与一个陌生客户联系时，客户往往会告诉销售人员"正在忙，时间很紧张"，其实，客户这样说，是因为客户不知道你能为他带来什么，假如你带来的利益比他正在忙的事情还大，那么客户还会说"忙，没时间"吗？所以，客户说"没时间"无可厚非，关键是你要把能给客户带来的利益讲出来，只要你讲的利益点足够吸引人，你就会发现客户原来的"忙"很快便成了浮云。我们来看下面的一个案例。

  电话销售人员："早上好，孟先生！"

  客户："早上好，哪位？"

  电话销售人员："我是大爱保险的程杰，您叫我小程就行。大爱是国内一家专业从事汽车保险的……"（被打断）

  客户："车险，我现在很忙，没有时间听你说。"

  电话销售人员："不要紧，是这样的，孟先生，其实我今天特意给您打电话没有别的意思，是因为我们公司为了回馈广大客户对我们的厚爱，特别举办了免费赠送救援卡的活动，拥有这张救援卡的车主，如果在市内发生爆胎或者发动机失灵等故障，我们可以提供免费的帮助服务。"

  客户："真是免费的？"

  电话销售人员："当然，只要您配合回答三个简单的问题就可以，整个过程不超过一分钟，您就可以拥有这张救援卡了，好吗？"

　　客户："那好，你问吧。"

　　在上述案例中，客户本来表示"没有时间"，但是得知可以免费赠送救援卡，提供相应的免费救援服务时，就有时间了，可见，客户判断自己有没有时间，是看你带给他的利益是否足以打动他，若能打动，那么时间就可以有。我们再来看一个案例：

　　电话销售人员："晚上好，请问是陆经理吗？"

　　客户："是的，你是哪位？"

　　电话销售人员："我是康福体检的陈冰，不知道您现在接电话方便吗？"

　　客户："不好意思，没有时间。"

　　电话销售人员："嗯，我知道您很忙，不过如果您能给我一分钟的话，我就可以让您立刻了解节省您公司员工20%体检费用的方法，好吗？"

　　客户："体检方面我们已经有合作医院了。"

　　电话销售人员："不要紧，像您这样的大公司，肯定是已经有合作医院的，不过更加重要的是，在提供更好体检服务的同时，能够帮助您节省相关的费用，您说是吗？"

　　客户："好的，你说说看吧。"

　　在该案例中，销售人员同样是用相应的利益打动客户，让客户从"没有时间"听销售人员讲话到"有时间"，再次证明客户不是真的没时间，关键要看是否值得给你时间。另外，销售人员也不妨幽默一点，比如"我是来给您送钱的，麻烦您抽一分钟的时间来捡钱"，一般来说，人都喜欢听幽默快乐的话语，客户看到你言谈幽默风趣，往往会愿意进一步听你说些什么。

"你们的产品技术不够新"

有的时候，客户会以"产品技术不够新"或者"产品技术已经过时"来拒绝销售人员。这时，销售人员应该怎样回答呢？是与客户争辩，还是采取其他更为合适的做法？我们来看下面的案例：

客户："技术好像落伍了，现在都是3D时代了，为什么你还给我推荐老款的呀？"

电话销售人员："3D版本的液晶电视也有，价格也高得不多，不过我还是不建议您选用3D的。其实很简单，3D电视显然是为看3D画面而专门设计开发的，但是现在市面上3D的片源毕竟较少，您买了之后，若没有3D片源也用不上3D，这也是一种浪费吧。"

客户："我明白这点，不过技术先进一点儿，等到将来开通了3D信号后，我也不需要升级换代了。"

电话销售人员："理论上的确如此，不过吕先生，说心里话，这个3D信号源何时开通还不是很快就能实现的事情，按照官方说法，我国到2025年时，才有可能普及3D信号，而一台液晶电视的使用寿命也就10年左右，您说呢？"

客户："嗯，倒也是。"

电话销售人员："不仅如此，因为3D电视是为了3D信号设计的，所以这种电视如果播放普通信号画面，效果反而不好，时间看久了，对眼睛还有伤害，因此为了您的健康着想，我希望您还是选择性能稳定一些的老款液晶电视。"

客户："那好吧。"

其实，任何技术都有相对性，老技术有老技术的优点和缺点，新技术也一样，而且很多时候，新技术可能还没有老技术实用，客户却还要为一些不太实用的新技术多花一笔钱。既然这样，销售人员就要把新老技术的利弊给客户说清楚，从而帮助客户做出最明智的选择。

另外，由于新技术在研发时期的投入需要收回，以及进一步支撑新技术的研发，使得采用新技术的产品往往价格上比老技术要高一些。对此，销售人员要知道客户的真实需求是什么，客户的预算是否有限，是否可以承受新技术产品的价格。假如销售人员发现老技术已经完全可以满足客户的需求，而新技术的有些功能，客户又可能用不上，综合考量来看，客户更适合选择老技术的产品，那么这时，销售人员不妨采取打压新技术的方式。

一般来说，打压新技术的关键在于找到新技术的缺陷，并且将这个缺陷放大。一般来说，采用新技术的产品价位会比较高，那么，电话销售人员可以告诉客户新产品的性价比不如老款产品，并让客户知道产品的可靠性更为重要。此外，客户有时质疑产品的技术不够新，还有可能是客户对该领域的技术欠缺理解，或者理解度不够，这时，销售人员要本着便于客户接受的原则，为客户进行一番通俗易懂的技术讲解，从而帮助客户对产品有个正确的认识。

"你先给我发份传真或邮件再说吧"

在电话营销中，通常需要其他沟通手段做辅助，比如传真或邮件等。有的时候，客户让销售人员给其发传真或邮件，可能是希望进一步了解产品；有的时候，客户这样说，可能只是拒绝销售人员的借口，待销售人员满怀希望地给客户发过去传真或邮件后，往往会像石沉大海一样再无音信。那么，在面对客户要求销售人员发份传真或邮件时，销售人员应该怎样做呢？我们看下面这个案例。

电话销售人员："早上好，周经理，您现在接电话方便吗？"

客户："方便，哪位？"

电话销售人员："我是远大管理咨询的程芳。远大是一家专注于人力资源管理人员成长的服务机构，今天打电话给您是特意邀请您参加本周末在洲际大酒店举办的与招聘技巧相关的研讨会，不知道到时您方便参加吗？"

客户："哦，原来是这样，那你先发一份传真过来我看看吧，如果合适的话，我再打电话给你。"

电话销售人员："好的，周经理，我稍后给您发过去。不过考虑到传真仅仅是一份简单的介绍函而已，与其您花时间去查看，不如我用一分钟的简短时间向您介绍一下，看看您能从这场研讨会中得到什么，好吗？"

客户："好吧，你简单说说看。"

电话销售人员："是这样的，对于招聘方而言，在招聘人才的过程中，经常会遇到一种麻烦，那就是求职者总会想方设法伪装或者隐瞒自己以前的工作表现，而我们这次研讨会的核心主题就是提供一套新的思路，让您可以最大限度地轻松应对这个问题。"

客户："通过这一场研讨会，就能解决这个问题吗？"

电话销售人员："我向您保证参加完这场研讨会之后，您完全可以根据自己的实际招聘需求，设计全新的与求职者对话的框架，进而轻松识破求职者的伪装，最终做出真实的评价，因为有三个方面能够证明研讨会可以做到这一点。"

客户："是哪三个方面？"

电话销售人员："分别是……"

在上面的对话中，客户先是表示"发一份传真过来看看"，销售人员在表示给客户发传真时，还表示"与其您花时间去查看，不如我用一分钟的简短时间向您介绍一下，看看您能从这场研讨会中得到什么"，由于这个回答关系到客户的利益，所以客户同意对方继续的意愿被再次唤醒。

接下来，销售人员抛出"求职者总是想方设法伪装自己"的话题，由于客户是从事人力资源工作的，在工作中也常为更好地解决该问题而费神，自然会关注该问题，于是，客户的吸引力便会被销售人员吸引过去，使得双方的对话更好地进行下去。

一般情况下，电话销售人员无论给客户发什么样的参考资料，销售人员语言沟通的作用都是无可替代的。假如没有销售人员的讲解，客户在收到传真或邮件后，可能只是大致看看了事；再者，销售过程也是一个挖掘客户需求的过程，不能仅抱希望于发送资料。因此，销售人员一定要主动把握与客户的沟通机会。

"这个需求还不着急解决"

在销售中，大部分客户没有意识到问题的严重性，因而会答复销售人员"还不着急解决"，这时，电话销售人员要做的是将问题对客户的影响用清晰的方式表达出来，比如对客户的工作、生活、学习等造成什么具体的影响，从而让客户无法忍受问题点的存在，变"不着急解决"为"着急解决"。我们来看下面的一个案例：

电话销售人员："魏经理，您好！我们都是老朋友了，请问最近您这边有招聘的需要吗？"

客户："有的，我们这里有个电工突然辞职了，我们正在找一个新的电工。"

电话销售人员："是吗，电工对于您这样的加工类企业来讲，是不是很重要呢？"

客户："当然很重要！"

电话销售人员："如果这样的话，请问那个电工离职多久了呢？"

客户："差不多有一个月了吧。"

电话销售人员："也就是说，在您的工厂里，已经没有专业的电工一个来月了？"

客户："是的。"

电话销售人员："这么长时间，难道您不着急吗？"

客户："不急，反正车间那边还没有提出电工的用人需求。"

电话销售人员："嗯，您觉得车间为什么没有提呢，从理论上来说，车间应该关注有没有电工才对啊！"

客户："我想车间里应该有些老工人，他们自己可以处理一些基本的电工问题，所以还不是很着急。"

电话销售人员："魏经理，这点完全可以理解，不过您考虑过没有，毕竟资格再老的工人，也不是专业电工，如果万一因为没有专业电工，出现比较大的问题，您这边应该怎么处理呢？"

客户："……"（无语）

电话销售人员："魏经理，很多事情不怕一万，就怕万一。如果车间真的出了与电工有关的事情，又造成很大的损失，您觉得是谁该负主要责任呢？"

客户："应该大家都有责任吧。"

电话销售人员："魏经理，说句不怕您怪罪的话，如果车间里真出了事情，车间工作人员自然会有责任，同时，他们也可能把责任推到您这里，毕竟您没有为车间补充上相应的专业电工，才使得车间发生问题后无法应对，您说对吗？"

客户："对的，这是基本的道理。"

电话销售人员："魏经理，我知道您为工厂的事情付出了很多心血，如果由于一件小小的事情影响了您未来发展的前途，是不是很划不来？所以，我希望您尽快将电工招聘到位，您说呢？"

客户："是的，你那里有什么快速招聘的办法吗？"

电话销售人员："办法倒是有，我们可以给您安排专场招聘会，单天是650元人民币，两天享受优惠价1000元，我们还送您一格报纸广告，您看怎么样呢？"

客户："一个电工，要两天招聘，是不是没必要呢？"

电话销售人员："魏经理，考虑到您对电工综合素质与能力的要求，现场还不确定能够轻易招聘到，所以我们配合现场、报纸、网络媒体帮您招聘到满意的电工，还可以帮助您做一些人才储备，您看好吗？"

客户："好的，那就这样办吧！"

电话销售人员："我会帮您尽快安排，魏经理，力求尽快帮您把电工招聘到位。再见！"

客户："再见！"

在上面的案例中，客户只是要招聘一个电工，假如销售人员直接告诉客户要花费1000元招聘费用，客户可能会觉得花这笔钱还需要再"考虑考虑"。然而，在销售人员为客户分析清楚利害关系后，客户的招聘电工需求显然变得急切了一些，成为客户面临的亟须解决的问题，成了客户的一个"痛点"，这样的话，销售成交也就水到渠成了。

"你怎么又给我打电话了"

在电话营销中，成交往往不是打一次电话就能"搞定"的，为此，销售人员可能需要给客户打若干次电话进行沟通。所以，电话销售人员普遍需要培养跟进客户的意识和能力。有时候，客户会质疑销售人员"你怎么又给我打电话了"，这时，销售人员应该怎么回答呢？我们来看下面的案例。

电话销售人员："早上好，王科长，现在接电话方便吗？"

客户："方便，哪位？"

电话销售人员："我是明实科技的韩丽，之前曾经与您联系过，不知道您还有印象吗？"

客户："有，不过你怎么又打电话过来了？我现在有点忙。"

电话销售人员："哦，那真不好意思，如果你很忙的话，我明天再打给您吧。"

客户："不用了，有什么事就今天说吧，如果我不需要，以后就不要再打过来了。"

电话销售人员："是这样的，王科长，上次给您通完话后，您表示我们的产品对您的帮助好像不大，所以我为此花了点时间对您公司做了个暗访，然后得出了一个结论。"

客户："暗访，什么结论？"

电话销售人员："我发现您公司的网站在优化方面有些问题，如果解决了这个优化问题，肯定可以帮助您公司争取到更多的客户。"

客户："具体是什么地方需要优化？"

电话销售人员："是……"（转入陈述客户需求的销售阶段）

在上面的案例中，销售人员虽然之前与客户联系过，当时可能与客户沟通得还不够深入，或者是对客户的需求把握得不够精确，使得客户对销售人员的印象不是很深刻，需求也不是很旺盛。在这次通话中，销售人员显然是做了精心的准备，包括对客户的公司网站进行调研等，从而引起了客户的兴趣，使交谈得以继续。

总的来说，销售人员在跟一个客户打若干次电话时，一方面要考虑该客户有无需求，若客户实在没有需求，销售人员不必再频繁地予以联系，这样的话，既浪费客户的时间，也浪费销售人员的时间；另一方面，销售人员之前与客户电话联系过，那么就要对客户的情况进行研究，找到客户的痛点，并把它呈现出来，借此引发客户的兴趣。

另外，如果是你的一个同事之前与客户联系过，客户没有表示要购买，这时，你再和客户联系时，即便客户表示"你们公司的人给我打过好几次电话了，不要再打了"，销售人员仍要灵活应对，努力挖掘客户的需求，并再次给客户提出一个明确的利益点，看看客户有无反应。假如客户对该利益点有反应，说明销售"有戏"。实际上，同样地联系同一个客户，前面的销售人员没有谈成，后面的销售人员谈成了，也是销售中时常发生的事。

最后，面对客户的各种拒绝时，销售人员一定要沉着应对，化不利为有利，要知道，你的推销，在为你带来成功的同时，很可能会为客户的发展机会带来很大便利。所以，面对拒绝，不要轻言放弃！

第七章
如何应对客户的顾虑

　　一般来说，客户往往有多种产品可供选择，这些产品总是各有优缺点，以至于客户在做决定时需要权衡利弊。对此，电话销售人员应及时了解客户在顾虑什么，有助于更有针对性地帮助客户分析问题、解决问题，从而提高销售成交率。

　　在实际工作中，当我们面对客户的顾虑时，要采用合适的方法来应对。比如，适当重复客户的顾虑，以表示我们在认真地倾听客户所讲的话，我们可以这样说："如果我是您，也会有同样的想法，所以您的担心是有必要的，确实要仔细考虑这个问题。"通过这种设身处地为客户着想的方法，能在一定程度上减轻客户的抵触情绪。

学会正确对待客户的顾虑

电话销售人员在了解客户的需求后，接着要面临将客户的需求落实到产品或服务上的问题。当然，这往往是一个与客户不断确认，最终形成一个具体描述产品的过程。在这期间，客户可能会说："好的，我考虑一下，我想好了，会打电话给你。"

刚开始的时候，你听到客户这样的答复，可能会很开心地等待客户给你打电话过来。然而，你会发现，最后客户能够给你打来电话的概率非常低。实际上，客户说"考虑好了给你答复"时，往往意味着客户还存在着顾虑，当客户的这些顾虑没有被打消时，客户一般不会同你直接过渡到成交环节。

那么，电话销售人员应该如何对待客户的顾虑呢？通常有以下三种方法可供参考。

1. 理解客户的感受

销售人员在面对客户的顾虑时，哪怕是一个基本常识问题，也要对客户持以理解的态度。这是因为，销售人员与客户存在信息不对等的情况，销售人员自以为没有问题的地方，客户可能会有顾虑。对此，销售人员不妨举个例子告诉客户，自己也曾有过同样的顾虑，以及后来是如何消除这个顾虑的。这样的话，可以在一定程度上拉近与客户的心理距离。

2. 提供相关的证明

当销售人员面对客户的顾虑时，通过一些成功的案例、相关的资质证明等材料，往往可以有力地打消客户的顾虑。举例来说，你向客户推销某处楼盘，客户在没有看到相关房地产开发方面的资料时，可能会对该楼盘存有顾虑；假如你向客户展示了比较齐全的资质，就会在楼盘手续是否齐全的问题上打消客户的顾虑。

3. 强调整体利益，冲淡客户在某一需求上无法满足的问题

市场上没有十全十美的产品：有些产品的确设计和做工一流，但是价格比较高；有些产品虽然价格较低，但是质量可能堪忧。所以，当客户向你强调对产品的某一点不满意时，比如客户认为价格偏高，那么你可以强调产品能够给客户带来的整体利益，并以此打消客户对个别问题的疑虑。

我们接下来看几个话术，了解销售人员在面对客户的顾虑时，所进行的相应解释。

"您的确很细心，一般的人不会考虑得如此周到，其实是这样的……"

"您说的非常有道理，其实您应该早点说出您的顾虑……"

"对，这是一个非常重要的问题，您是要认真地想一想，同时我认为您可以这样理解……"

上述话术就比较好地照顾到了客户有顾虑时的心情。一般来说，在客户有反对意见时，销售人员可以先表示认可，再处理问题，这也正是销售界普遍流行的一个做法：先处理客户的心情，再处理客户的问题。客户的心情好了，即便销售人员不一定能够处理好客户的问题，往往也能获得某种积极的效果。

"听说你们的产品是贴牌做的"

贴牌生产源自英文缩写OEM（Original Equipment Manufacturer），即"原始设备生产商"。贴牌生产在我国还被称为"代工生产""委托生产""委托加工""定牌制造""生产外包"等。虽然称谓各异，但其本质都是指拥有优势品牌的企业为了降低成本、缩短运距、抢占市场，委托其他代工企业进行加工生产，并向这些生产企业提供产品的设计参数和技术设备支持，从而满足对产品质量、规格和型号等方面的要求，生产出的产品贴上委托方的商标进行出售的一种生产经营模式。

应该说，贴牌生产是随着社会分工精细化而产生的一种现象，代表的实际上是一种分工和精细化竞争的思想。其最大的特点在于实现了品牌与生产的分离，使生产者更专注于生产，品牌持有者则从烦琐的生产事务中解脱出来，而专注于技术、服务与品牌推广。由此可知，贴牌生产方式的运行机理是在特殊的委托代理框架下，基于大规模定制思想实现供应链管理的一种生产模式。

在现实生活中，由于人们对一些代工企业存在误解，从而误以为贴牌生产的产品缺乏质量保障。在电话销售中，当销售人员遇到客户关于贴牌生产的顾虑时，应该怎么说呢？我们来看下面的案例。

客户："你们的产品是不是贴牌生产的？如果是的话，你就不要再找我了。"

电话销售人员："贴牌？您的意思是？"

客户："贴牌就是说你们公司没有自己的生产基地，随便找个小厂生产之后贴上自己的商标。"

电话销售人员："哦，原来是这样，我还是第一次遇到客户问这个问题，所以我不是很清楚。不过按照常理来说，经过国内权威质量检测机构认证合格的产品，您应该是完全可以放心使用的。再说，您现在更加关心的是另一个问题，就是这款产品到底能不能够解决您的实际问题，因为如果不能很好地解决问题的话，再好的品质也是浮云，您说呢？"

客户："嗯，那倒也是。"

电话销售人员："刚才您提到的最关心的问题是……"

总的来说，当销售人员遇到客户询问产品是否贴牌生产时，销售人员不应该去糊弄客户，要用恰当的方式进行解释。假如产品是公司自己的工厂生产的，那么电话销售人员不妨告知不是贴牌生产的，并拿出相关证据，如产品说明书上的生产地址和生产企业与公司名称是否对应。

假如产品是贴牌生产的，销售人员也不用担心，毕竟代工生产已经是当今非常主流的一种生产模式。我们需要告诉客户的是，本公司的管理体系已经获得权威质量认证和相关荣誉等，从而证明产品质量是靠得住的。假如客户对贴牌生产这个问题看得很重，就像上述案例中客户说的"如果是（贴牌生产）的话，你就不要再找我了"，销售人员要懂得安抚客户，同时讲述权威认证常识，并将客户的注意力拉回到满足客户需求上来。相信通过合情合理的解释，一般情况下客户都会表示理解。

"看不到产品不放心"

在电话销售里，客户常说"看不到产品不放心"，其实是一种正常的心理反应，因为电话销售的本质就是以电话作为沟通的桥梁，尤其是在需要客户先付款的情况下，客户表示有顾虑，是完全可以理解的。因此，销售人员在处理该问题时，态度一定要温和自然，为客户营造一种放心的氛围。

另外，销售人员还要就客户表示"不放心"的原因进行了解，究竟是客户担心你言过其实，还是担心付款后收不到货，或者是担心货物本身有问题等，销售人员都要予以沟通了解。同时，我们还要针对客户不放心的原因，拿出足够的证据进行解释，其中，一些权威认证资质，如产品质量认证、具体的说明书条款、付款中使用的第三方担保（如支付宝）等便是典型的权威标志，进而打消客户的顾虑。

其实，相对于实物产品来说，那些提供的服务类产品（如课程）更具有一种效果不可预测性。在这种情况下，有时即便客户看到了服务的过程，往往还会对服务的效果产生疑问。我们来看下面的一个案例：

客户："我还是有些不放心。"

电话销售人员："嗯，可以说说您的顾虑吗？"

客户："我担心你们的课程达不到你们说的效果。"

电话销售人员："为什么这样说呢？"

客户："如果我们组织员工花钱上了课，结果却没有提升销售业绩，那怎么办呢？"

电话销售人员："武经理，其实您多虑了。您想一想，如果这个课程可以帮助您解决销售过程中遇到的问题，又怎么不会提升销售业绩呢？"

客户："话是这样说，但能否转化为提升销售业绩的能力还是存在不确定性。"

电话销售人员："我给您举个例子，好吗？"

客户："好的，你说。"

电话销售人员："现在，您推广过程中总是会面临一个问题，那就是找不到足够准确并且数量较多的客户资料，对吗？"

客户："是的。"

电话销售人员："如果您能够通过课程解决这个问题，您的业绩提升10%以上，应该没有问题吧？"

客户："如果真的做到这点，当然是没有问题，但是如何才能验证是否可以做到这一点呢？"

电话销售人员："如果您不介意的话，我给您分享一个课程中寻找客户资料的办法，好吗？"

客户："这样最好，你说说看。"

电话销售人员："比如说，您是从事耗材推广的，客户对象自然是一般公司的总经理，因为他们是负责耗材采购的，对吗？"

客户："对的。"

电话销售人员："那么，是不是还有一些其他行业的销售人员，他们的产品也是由总经办负责的呢？"

客户："当然了。"

电话销售人员："这就对了，既然您和这些销售人员要找的人是一致的，而且大家的产品并没有冲突，那么大家的客户资料是否可以做一个共享呢？比如大家互换一下客户资料，双方的客户群都可以增加一倍，对吗？"

客户："有道理。不过怎样才能找到这些和我的客户群一样的销售人员呢？"

电话销售人员："课程上会有详细介绍的，而且不排除列述具体的案例。如果我现在继续和您分享的话，好像不太好了，希望您理解。"

客户："嗯，听你这么说，这个课程的确不错。"

在上面的案例中，客户对于培训效果存在顾虑，这时，销售人员不妨现身说法，让客户管中窥豹，直观地看到培训的确有实用的效果。这样的话，有助于增强客户购买的信心。

"在网上看到其他用户的评论"

在当今互联网时代，随着网络的普及，客户在购买前总会上网搜索关于产品的信息，以及别人对产品的评价。有时，看到别人的一个好评，可能会直接激发客户购买的信心和决心；如果看到别人的一个差评，可能会直接打击客户购买的信心和决心。那么，当销售人员和客户通话时，客户表示在网上看到过其他用户发表的负面评论，销售人员应该怎样解释呢？

客户："我在网上看到别人的评论，说你们产品的使用效果不好。"

电话销售人员："是吗，我还是第一次听说，真的有这么回事？"

客户："是的，在网上看到有些用户评论说，你们的纸在复印的时候容易卡纸。"

电话销售人员："是吗，引起复印机卡纸的原因有很多，比如离合器损坏、挡板位移、分离爪磨损，以及传感器的故障，都有可能造成卡纸。因此，您说的这个卡纸原因，不一定是纸张的原因，您说呢？"

客户："可能不是纸张的原因，但也可能是纸张的原因。"

电话销售人员："是的，您说的有道理。不过如果复印机卡纸的话，是有一些共同规律的，如果您不介意的话，我可以给您介绍下，您即使不买也没有关系，就当了解一下，好吗？"

客户："好的。"

　　电话销售人员："首先您要看复印纸光不光滑，有没有粉尘，有粉尘的话，当然容易卡纸，对于这点，你可以将我们给您寄过去的样品纸张和您公司现有的纸张做一下比较，看有没有区别，用手摸一下就可以了。"

　　客户："好的，我稍后仔细看看。"

　　电话销售人员："然后您看看厚薄，一般来说，薄一点会比较好，因为纸张越薄表示加工层次越高、密度越大、挺度及防潮湿性越佳。酸性印刷纸裁切的复印纸摸起来比较厚、软、粗糙、含水量大，对复印机的伤害也越大，会容易卡纸，这点同样是可以看到的。"

　　客户："哦，这点我倒是没有注意。"

　　电话销售人员："还有一点是防静电的处理，有没有做过这个处理的纸张在外包装上会有清晰的说明。"

　　客户："嗯。"

　　电话销售人员："如果满足上述几个条件，纸张就相对不容易卡住了。如果您还担心的话，可以再拿其他纸张在复印机上尝试下，假如还是同样卡纸的话，说明就是复印机的问题，而不是纸张的问题，您说呢？"

　　客户："是的，有道理。"

　　一般来说，当客户声称看到网络上有别的用户有负面反馈时，销售人员不要生气，甚至不妨坦率地承认，或者实时告知并不知情，由于其他用户的评论并不一定意味着权威评价，所以有时难免存在误导的作用，对此，客户也是心知肚明的。这时，你要做的是用事实来证明产品质量的可靠，从而让客户对产品有个积极而正确的认识。

"产品的功能设计不够合理"

有时候，客户会抱怨产品的功能设计不合理，比如功能太多或太少。一般来说，产品功能多，自然代表着技术的先进性，以及产品的完善性，在价位差不多的情况下，功能多总是件好事，客户对此是理解的。在实际工作中，客户有时对销售人员抱怨"功能太多"，往往是担心产品使用起来复杂，这时，销售人员不妨给客户解释一下具体的操作方法，让客户明白使用起来其实很简单，功能多还可以为客户带来更多的使用乐趣。

有时，客户说"功能太多"，还意味着有些功能可能用不上，客户却还要为此多付出一笔钱，会觉得不划算，这时，销售人员不妨向客户解释，若少了这些功能，客户的需求问题可能难以彻底解决，因此功能完善是必备的条件，即便多花一点钱也值得。我们来看下面的案例：

客户："功能太多了。"

电话销售人员："那是当然的，这是咱们开发出的新版本，在功能方面比老版本增强很多。不过我想问一下，您是不是对过时的技术很感兴趣？"

客户："那倒也不是。"

电话销售人员："那么您担心功能太多，具体原因是什么呢？"

客户："毕竟是新产品，操作界面跟以前的操作界面也不一样，使用起来很不习惯。"

　　电话销售人员："是的，您说的有道理。不过，由于新版本和老版本的核心架构是一致的，所以相信您很快就会适应起来，大概一两天时间就可以了。这意味着，你只要使用一两天，就可以增加那么多功能。再者，新版本可以自动升级，旧版本就没有这个功能。也就是说，您采用新版本的话，在未来几年内，您不必再为软件做任何投资了。"

　　客户："升级时需要花钱吗？"

　　电话销售人员："基本不用花，您只要提供一点开发费用而已，对比您更新换代采购新软件的费用，可以说微不足道。再说，多出来的功能，对您也是相当重要，我给您举个例子好吗？"

　　客户："好的。"

　　电话销售人员："比如有一个一键恢复功能，在设备突然停电或者有同事不小心拔掉电源，若是老版本的设备，意味着数据全部丢失，您之前的所有努力相当于白费，要重新花时间再做一遍；而新版本的一键恢复，可以在设备重启后，自动恢复到停电状态，确保数据不丢失，您看是不是很方便呢？"

　　客户："听起来不错，那就来新版本的吧。"

　　上述案例是在客户质疑"功能太多"时，销售人员给出的回答，有效打消了客户的顾虑。那么，当客户向销售人员抱怨产品相比其他产品，或者以前的版本，功能太少了，销售人员该怎样解释呢？对此，销售人员可以根据客户的需求，告知客户舍去一些不必要的功能可以节省无谓的花费；并且功能越简单，往往意味着产品更稳定，从而打消客户的顾虑。

　　总的来说，当客户对产品的功能设计有质疑时，销售人员要紧密根据客户的需求进行分析和说服，从而让客户认识到产品的实用性，以及对需求的满足性。

"你们的产品解决方案不符合我们的要求"

很多时候，客户会以"你们的产品解决方案不符合我们的要求"来拒绝电话销售人员。实际上，我们所销售的产品特性往往是固定的，很难做到和客户的要求完全一致。举个简单的例子，客户看重的第一条是价格低，我们的产品却偏偏价格很高，这就产生了冲突，即我们的产品解决方案不符合客户的要求。

考虑到产品的特性往往是无法更改，甚至是不易更改的，在大部分情况下，我们需要帮助客户修改需求，修改的重心是将我们无法满足的需求定义到一个非常次要的低位，将我们的产品优势定义到一个极为重要的高位，总的来说就是"大事化小"和"小事化大"。

其中，"大事化小"是指客户的大要求几经分析，让客户发现其实不过小事一桩；"小事化大"是让客户看着不起眼的地方，通过我们放大危害性的分析方式，提升其重要性，从而让客户意识到解决该问题的迫切性和重要性。

实际上，我们在处理客户要求与解决方案冲突的时候，通常需要先做一件事，那就是定义客户的要求是什么，让客户自己讲出自己要求的优先级，然后销售人员对症下药帮客户进行分析。我们来看下面的案例：

客户："小李，真的很不好意思，你们的解决方案不是很符合我们公司的要求。"

电话销售人员："为什么这么说呢？您可以说说您的具体要求吗？"

客户："首先，我们希望你们推荐的讲师应该具有地产租赁行业从业背景，当然5年以上的培训经验也是必不可少的。"

电话销售人员："嗯，除了这条要求，别的还有吗？"

客户："有一个好的老师，是培训质量的基本保障。接下来，我们还希望价位方面能够合理一些，能够在我们的预算范围内，最好可以上完课再付款。"

电话销售人员："还有吗？"

客户："这些就够了。基于这两点，我发现你们的解决方案很不符合我们的要求。"

电话销售人员："嗯，单从表面上来看是这样的，不过方案是可以修改的。对了，万经理，您刚才提出的三大要求中，哪一条是您最看重的？"

客户："当然是讲师要有地产租赁行业从业背景，并且有5年以上培训经验，至于钱方面的事情我们再商量。毕竟讲师若没有从事过地产行业，又怎能做好地产行业的培训呢？"

电话销售人员："是的。您是很注重培训效果的，是吗，万经理？"

客户："当然，培训效果是第一位的。"

电话销售人员："那太好了，如果把培训效果放在第一位的话，我倒觉得孔老师是最佳的选择。"

客户："为什么呢？虽然孔老师名气大，但从讲师资料来看，孔老师没有从事过地产租赁行业，他应该不太熟悉这个行业吧。"

电话销售人员："从讲师资料上看，孔老师以前虽然未在地产租赁行业工作过，但是他却在地产开发行业有着丰富的工作阅历，而且地产租赁与开发比较接近。孔老师当时从事地产开发行业时，也常接触地产租赁行业的人士，毕竟地产开发出来以后，在销售之外，还有些业务是要将开发商自己持有的地产予以租赁，当然这点未在讲师的资料上体现。其间，孔老师还积累了丰富的地产界人脉，并为地产销售领域的很多销售人员做过培训。可以说，一手楼盘销售和房屋租赁业务，其实都是业务类的销售工作，从孔老师的阅历上来看，更有助于为您的公司提供全面而有价值的培训。"

客户："听你这么说，有些道理。"

在上面案例中，销售人员通过有效讲解，打消了客户的疑虑，并最终促进了成交的实现。

"我还要再比较比较"

俗话说"货比三家"，客户在成交前往往会表示"还要再比较比较"，对此，销售人员当然不能不让客户去比较，还应该表示同意。其中的要点是，销售人员要想办法帮客户做比较，而不是等客户挂了电话后让客户自己去做比较。

所以，销售人员要先问客户想要和谁做比较，假如客户予以告知，销售人员有了比较对象就可以知己知彼，从而在比较中脱颖而出；假如客户表示只是要先看看，销售人员则可以帮助客户找出几个比较对象来。我们来看下面的案例：

客户："我还要再比较比较。"

电话销售人员："应该的，做决定之前确实应该比较比较，不知道您是和哪个品牌进行比较呢？"

客户："美乐饮水机公司。"

电话销售人员："为什么是美乐公司，而不是其他公司呢？"

客户："我觉得他们的价位比较合适。"

电话销售人员："穆先生，其实直饮机的成本主要是由两部分组成的，即电费和过滤芯。其中，电费的成本可以忽略不计，但是过滤芯就不同了。过滤芯是一种耗材，隔一段时间就需要更换，这就好比打印机一样，买打印机很便宜，但是墨盒很贵，您说是吗？"

客户："这倒是。"

电话销售人员："您买饮水机是放在大堂门口的，这样的话，饮水量就比较大，仅仅以一天消耗200升水来计算，像我们的饮水机连续使用50天才需要更换过滤芯，而其他品牌的使用40天就需要更换了。一根过滤芯棒售价200元左右，这样的话，与其他品牌相比，您每天可以节约1块钱，一年可以节约365元，连续用10年，可以节约3650元，电费可以节省出一部分，可以这样理解吗？"

客户："可以的。"

电话销售人员："此外，售后服务也是不可缺少的。因为饮水机每年要清洗一次，如果自己清洗的话会很麻烦，这是因为直饮机内部构造比较复杂，往往需要找专业人士来清洗。"

客户："哦，原来直饮机还要每年清洗啊。"

电话销售人员："当然要清洗的，毕竟直饮机属于健康产品，定期清洗除菌是非常必要的。我们可以免费提供5年上门清洗，也就是说，5年之内您不用为直饮机清洗而担心，其他品牌则免费提供3年上门清洗。总的来说，在您最关心的过滤芯方面，相比其他品牌，我们可以为您每年节省365元费用，同样在您最为关心的免费清洗方面，我们比其他品牌多提供2年的上门服务。唯一遗憾的是，我们在售价方面比其他品牌高出四五百块钱，不过孰轻孰重，您自己应该有个评价，对吗？"

客户："倒也是，那这次先从你们这里采购吧。"

上面案例中的电话销售人员面对客户说"还要再比较比较"时，并没有直接挂掉电话，而是通过提问的方式问出客户想要比较的对象，然后帮助客户进行比较，最终成功地完成销售目的。

总的来说，当客户说"还要再比较比较"时，销售人员可以采用"田忌赛马"的方式来进行比较。比如，用自己最有优势的地方去与其他产品较有

优势的地方进行比较，用自己较有优势的地方去与其他产品没有优势的地方
进行比较，最后用自己没有优势的地方（如价格高）去与其他产品最有优势
的地方（如价格低）进行比较，这样的话，销售人员在比较中就会有多轮获
胜，起码可以做到三局两胜，从而坚定客户购买自己产品的决心。

第八章
处理拒绝的原则和方法

客户在接听销售人员打来的电话时，通常有3种思维模式，即"肯定是要求我尽快购买他的产品""肯定是使用降价或者打折的方式要求我购买产品""要说的事情肯定不是我关心的，也不是我感兴趣的"。

客户一旦有了上述3种思维模式后，在潜意识中就会对销售人员打来的电话表示拒绝。对此，销售人员在面对客户的拒绝时，要先缓和客户的心情，这是因为在客户没有好的心情时，难以有效地听进销售人员所讲的话。接着才是想办法应对客户的拒绝。

坦然面对，待之以诚

　　心理学认为，一个人在面对陌生人或陌生事物时，都会心存疑虑，进而产生拒绝心理。客户在购买产品的时候，往往也持有这种心理。比如，客户会想是否应该购买产品。并为此犹豫不决，这反映了客户的一种心理暗示："我不相信你，我不信任你。"在遇到这种情况时，销售人员不便于去直接反驳，而是要根据特定的情景，旁敲侧击，从而帮助客户消除内心的忧虑。

　　据多位资深销售人员在长期实践中的总结，得出一个"50——15——1"原则，即每50个客户拜访中，只有15个客户愿意与你交谈，这15个人里又只有1个人去买你的产品。试想，如果没有坚持不懈的精神，在如此多的拒绝面前，销售人员又如何获得良好的业绩呢？可见，一个成功的销售人员，往往是经历了多次拒绝后，才最终获得成功的。

　　为了克服对拒绝的恐惧，销售人员不妨换个角度思考问题，即销售的目的是为了自我价值的实现，前提是满足客户的需要、为客户带来利益和价值。这样的话，即便销售人员遇到了客户的拒绝也没关系，毕竟客户对自己不需要的产品有拒绝的权利，这时，销售人员可以正好利用这个机会了解客户不购买的原因，这对销售人员来说也是很有价值的信息。

　　实际上，在销售中拒绝是种常态，我们要能够坦然面对拒绝。真正成功的销售，往往是从拒绝开始的。我们无法让客户不产生拒绝，但是却可以端正自己面对客户的态度，并对客户表现出最大的真诚，可以说，这是感化客户的重要条件。

此外，客户在拒绝时，通常会寻找各种各样的理由，诸如"没时间""价格贵""没需求"等，关于这些拒绝的类型，我们在前面已经进行了介绍。引发客户产生拒绝的借口往往很多，但绝大部分不是真实意思的表达。这时，销售人员唯一要做的是进一步挖掘对方的真实需求，从而找到他们真实的想法。

我们在这里再次归纳出客户拒绝的几个理由，主要有：

（1）"我没有时间，下次再说吧！"

（2）"我需要考虑考虑。"

（3）"我需要和其他人员商量一下。"

（4）"我现在不需要。"

（5）"价格太贵了。"

（6）"我们没有这方面的预算。"

（7）"预算用完了。"

（8）"我们有固定的供应商了。"

（9）"从没听说过你们这个产品。"

（10）"我觉得另一种产品比你们的更好。"

总的来说，销售人员在遇到客户以上的拒绝理由时，应本着真诚的态度，为客户做好解释工作，并且尽可能将客户从拒绝引向接受，从而顺利地实现成交。

把握主动，看透拒绝背后的真相

销售人员在向客户推销时，总会遭遇各种各样的拒绝理由，对此，销售人员不能被动地接受这些理由的支配，而要看透客户拒绝背后的潜在动机，化被动为主动，把客户的拒绝理由转化为购买意愿。这就需要销售人员准确地把握客户的心理变化，明确客户在拒绝时怀着什么样的心态，有什么样的动机，想要达到什么目的。销售人员只有明确了这些问题，才能进一步掌握谈话的主动权，也才能让客户的思维跟着自己的节奏进行。

实际上，客户的绝大部分拒绝理由都是客观依据，在面对客户的拒绝时，销售人员必须耐心倾听，冷静地分析判断，找出成功化解拒绝的方法。我们接下来看下面两段对话，两个销售人员来自于同一家公司，给同一个客户打电话，结果却不同，我们从中比较销售人员面对客户拒绝时采取的不同方法，以及导致不同结果的原因。

第一段对话：

电话销售人员："您好，请问是顶峰公司的刘总吗？"

客户："是的，请问您是哪位？"

电话销售人员："我是美丽公司的陈芳，能耽误您一点时间吗？"

客户："什么事情？"

电话销售人员："刘总，我们公司推出了一款新的美容美肤产品，是否可以约个时间拜访您一下呢？"

客户："这个事情啊，我现在比较忙，你把电话留下，如果有需要我会联系你。"（销售人员陈芳留下电话后，客户再没有联系陈芳。）

第二段对话：

电话销售人员："刘总，我们公司推出了一款新的美容美肤产品，是否可以约个时间拜访您一下呢？"

客户："我这段时间比较忙，没有时间。"

电话销售人员："刘总，我十分了解您非常忙，这样好了，明天中午我们共进午餐，利用午餐时间，把合同签了怎么样？"

客户："明天中午恐怕不行，再者，我对你们的产品还不了解，也不便于贸然购买。"

电话销售人员："那您什么时间方便呢？如果您太忙而无法外出，我就带资料去您的办公室。相信您了解了我们的产品后，一定会喜欢上我们的产品。"

客户："谢谢，我最近都忙，改天再说吧。或者你留个电话，我以后需要时再联系你。"

电话销售人员："我知道像您这样的成功人士，肯定是很忙的，所以更应该注意健康和保养，否则会衰老得很快。如果您愿意抽点时间听我介绍一些养生美容的知识，相信一定会让您喜出望外的。我的电话会留给您的，刘总。"

客户："既然这样，那就好吧，我们明天中午见个面吧。"

电话销售人员："好的，刘总，谢谢您，明天中午见！我到时提前半个小时联系您！"

在上面两个对话中，一个被客户拒绝了，另一个将客户的拒绝化为接受，取得了客户的预约，并且极有可能成交。第一个销售人员在听到客户的拒绝，以及索要自己的联系方式时，不假思索地把自己的联系方式留给了客户，结果，客户并没有与这位销售人员联系；第二位销售人员在面对客户的拒绝时，巧妙地避开了这个问题，转而唤醒客户的健康保养意识，让客户有危机感，从而愿意抽出一定时间来消除这种危机。

　　总之，客户的拒绝理由很多，无论客户的拒绝理由是什么，销售人员都要秉着尊重、理解客户的态度，像拉家常一样引导客户说出内心的真实想法，找到问题的症结所在。销售人员只有抓住了问题的根本，才能有针对性地进行化解。

多听善问，辨析真假拒绝

每个客户都有自己的立场和想法，通常情况下，客户不会把这种立场和想法直接告诉给销售人员，相反，客户总会借助一些借口或理由来搪塞、应付销售人员，在这其中，客户的有些拒绝可能并非阻碍其选择购买的真实原因。这使得销售人员的推销面临不少难度，并为误解客户而错失一系列机会。

可以说，无法掌握客户内心的真正想法，就无法分清客户是真拒绝，还是假拒绝。为此，销售人员必须多听、多观察，通过客户的言行来搜集更多的信息，并通过独立的思考对这些信息加以鉴别，从而得出正确的结论。

举例来说，假如客户说："我挺担心你们产品的兼容性。"这时，电话销售人员就可以回答："兼容性确实是很重要的，不知道您是怎样看待兼容性的呢？"客户可能会说："要很好地兼容我们原来的系统，需要符合……的条件。"然后，销售人员就可以顺藤摸瓜地追问："您讲得太好了，不愧是有十几年经验的老专家，顺便请教一下，您刚才所讲的……条件具体是什么意思？"客户看你这么谦虚好学，可能会侃侃而谈："……条件的具体定义就是要符合……还要符合……"等到客户讲完，电话销售人员要说："对！以您的眼光，需要我们怎样配合您这边呢？"很自然的，销售人员的这个问题就触及到了客户的具体要求是什么，客户也得到了受尊重的感觉，就会在无形中化解了客户的拒绝。另外，客户这里谈到的"兼容性"问题，既可能是真实的拒绝，也可能是客户希望以此为契机，展示一下自己的专家风采。因此，销售人员要多听善问，对症下药，切实说到客户的心窝里。

另外，在遇到客户的拒绝时，销售人员要对客户据此提出的反对意见的合理性予以认可。当然，认可对方的反对意见，并不意味着赞同对方的反对意见。通常来说，认可是一种铺垫，是为沟通创造一种良好的氛围，而不是和客户打嘴仗。

我们举个通俗的例子，我们去医院打针的时候，大夫会先拿一块棉花球在准备打针的部位擦一擦，让你感觉很舒服的时候，再一针扎下去。我们在认可客户反对意见的时候，电话销售人员可以考虑采用类似下面的说法：

"我非常理解您的顾虑，因为很多其他客户也有这样的顾虑……"

"如果我是您，也会有同样的想法，所以您的担心不是多余的，确实要仔细考虑这个问题。"

其实，上述说法采用了"先处理客户的心情，再处理客户的事情"的方法，客户的心情好了，即便事情不一定处理好，客户的抵触心理起码不会很重；相反，假如没有处理好客户的心情，销售人员恐怕连处理事情的机会都没有。因此，无论是面对客户的真拒绝，还是假拒绝，销售人员首先要理顺客户的心情，为接下来的沟通打造良好的氛围。

以退为进，化解客户的拒绝

当客户否定你的产品或服务，或者与你产生较大的分歧时，作为销售人员不妨后退一步，尽量减少与对方发生争论。因为争论会伤和气、伤感情，如果真到了一发不可收拾的地步，也许你真把自己的后路堵死了。

有句话说得好"退一步海阔天空"，在应对客户的拒绝时，后退是为了更好地前进，犹如拉弓，生拉硬扯很有可能把箭弦拉断，如果张弛有度则可以射得更远。可以说，在与客户交流中，以退为进是一种谈判技巧，还是一种谈判策略，表面上看是退缩，实质是进攻，后退则是为了更好地前进。

基于此，销售人员与其同客户争得面红耳赤、两败俱伤，不如平心静气，好言商量。总的来说，销售人员在采用"以退为进"策略时，可以参考如下做法：

1. 避免争论，主动退让，掌握谈话的主动权

当客户表达出反对意见后，销售人员可以在自己的责权范围内尽量予以满足，包括在不影响原则利益，或者以最小代价换取更大利益的前提下，主动做出让步。我们来看下面的案例：

客户："这个价格还是有些高，我们接受不了。你看能否再降低一些？"

电话销售人员："胡经理，我已经申请领导给您优惠过价格了，价格方面真的只能这样了。不过，我可以向领导申请看能否给您通过其他方式进

行优惠照顾，比如延长质保年限，附赠礼品等。其中，我们这里延长1年质保按照标准需收费500元，我申请看能否给您免费延长3年质保，相当于优惠1500元了。我实在是尽力了，胡经理，还望您理解！"

客户："好吧，如果价格实在降不了，那你看下质保能否延长3年，附赠品都有什么呢？"

电话销售人员："附赠有高档文具盒等，我会给您发份清单供您挑选的。不过我要提前说好，我全力申请，不管能否成，您都不要埋怨我啊，我过一个小时给您答复……"

客户："好的。"

（一个小时后）

电话销售人员："您好，胡经理，我向领导的申请通过了，免费为您延长质保3年，附赠礼品清单我稍后发到您的邮箱里。"

客户："好的。辛苦了！"

在上面案例中，销售人员已经为客户降过一次价格，可是客户又要求降价。这时，销售人员并没有与客户据理力争，而是主动安抚，在力所能及的情况下，使客户有了满意的答复，从而促进了成交。

2. 根据客户需求不断地做调整

销售人员与客户之间的需求既相互依赖，又相对独立。在谈判中，让步是必要的，但销售人员一定要结合客户的需求进行。俗话说"知己知彼，百战不殆"，这就需要销售人员对客户有清晰的了解，制订一个更为完善的应对计划。

3. 掌握分寸，退让要恰到好处

销售人员在向客户让步时，要掌握分寸。一般来说，销售人员的每次让步都要让客户感觉到自己费了很大周折，否则客户觉得你让步很容易，会觉得你的报价等描述里有很大水分，从而刺激了客户不断讲价的胃口。

转移话题，适当避开正面交锋

当客户提出某个反对意见的时候，电话销售人员是不是一定要进行处理呢？答案是否定的。很多时候，客户会提出一系列不同的想法，其中有些只是一种下意识的反应，并不代表客户真的关心这个问题。既然客户在本质上不是真的关心这个问题，那么电话销售人员又何必没事找事，让问题复杂化呢？

我们不妨举个简单的例子，每个人都有成为专家的欲望，因为这样可以证明自己是个有实力的人，能获得别人的尊重。所以，当电话销售人员提出某种观点时，客户指出你的观点或者产品有不足之处，并不是真的不满意，客户自己也清楚世上没有十全十美的产品，他只是想告诉你自己有多么厉害、多么懂行。

在这种情况下，假如销售人员试图从正面进行处理，只能使问题更加复杂，弄不好还会让客户很不高兴，从而放弃购买。基于此，当销售人员能判断出客户所提的某个反对意见仅仅是一种下意识的反应时，便可以巧妙地绕开这个话题。换句话说，销售人员可以当作没有听到客户的反对意见，继而将话题移开即可。我们来看下面的案例：

电话销售人员："这款手机采用的是双核处理器，因为主频达到了1.5G的频率，所以玩起游戏来非常顺畅，像现在主流的'愤怒的小鸟''植物大战僵尸'等都非常流畅。"

客户："会不会很费电？"

电话销售人员："嗯，这个问题稍后再谈，接下来我给您介绍一下它的兼容性，因为只有兼容性好的手机才有可能安装不同公司开发出来的程序，比如游戏、定位、文档什么的，您觉得咱们这款手机在兼容性方面怎么样？"

客户："挺不错的。"

电话销售人员："在兼容性方面，它采用的是时下最新的安卓6.0系统，而且是深度定制的，因此……"

在上面案例中，客户提问"会不会很费电"，其实，"费电"是一个因人而异的问题，有人认为待机时间1天就可以，有人认为待机时间需要3天或是其他时长；同时，手机费电状况跟很多因素有关，比如同时开了较多程序会费电，打电话时间很长会费电等，客户在实际使用手机时，有不同的使用习惯，造成的费电状况也会有所区别。基于此，对于这样一个有争议，也不便具体回答的问题时，销售人员巧妙地绕开，并转移到兼容性的问题上，并获得客户肯定性的答复，将谈话引向有利于成交的方向。

当然，客户有时提的问题也可能是其比较关心的，这时，销售人员如果用"稍后再谈这个问题"的技巧，可能会不太奏效。这时，销售人员可以表示"这个问题是建立在另一个问题上的，所以我们必须先探讨另一个问题"。等到另一个问题探讨完了，销售人员表示"有得必有失，很多时候鱼与熊掌不可兼得"，相信客户也会表示相应的理解的。

正面回应，打消客户的顾虑

对于客户提出的一些反对意见或拒绝理由，电话销售人员如果觉得不好回答，可以装作没有听到或者将话题绕开，甚至在客户没有提出之前就打好预防针，或者是将客户的反对意见巧妙地进行转化。但是，假如你觉得这些方式都不可行的话，你还可以尝试从正面回应客户的反对意见。

具体来说，销售人员要认可并重复客户的反对意见，这是一件很重要的事情，表示电话销售人员正在认真地倾听客户的讲话，是对客户的一种尊重，从而赢得客户的好感。当然，正如我们前面所述，认可客户反对意见的合理性，不意味着就赞同客户的反对意见，这样做是为了做一些铺垫，为沟通创造良好的氛围。

接下来，销售人员要确认反对意见的真正定义及背后的形成原因。虽然反对意见是客户本人提出来的，但不代表客户能够清晰地描述自己反对的理由。这是因为，一方面，客户有时并不清楚自己的状况，或者是销售人员所介绍的产品特点，客户只是一种感觉上的反对，可以说，客户是为了反对而反对；另一方面，客户也可能不想太清楚地表达自己的反对意见，担心这样做会伤了别人的面子，或许是客户存心保留，预留一些伏笔，试探一下销售人员的反应。

不管怎样，销售人员正确地理解客户反对意见的具体定义是很重要的。比如，客户可能说"你们的产品可能不符合标准"，这时，销售人员可以追问"您所说的不符合标准具体意思是什么呢",客户可能接下来会说"主要是你们产品的操作太复杂,我担心下面的基层员工很难掌握操作方法"。其实,这样的反对意见才是真正清晰可见的,并能使销售人员知道该从哪方面处理反对意见。

在对客户表示尊重,以及清楚客户反对意见的具体定义后,销售人员就要给予恰当的处理方法,进而化解客户的反对意见。我们来看这样一个案例:

> 客户:"我担心使用起来成本太高。"
>
> 电话销售人员:"这款产品如果买回家,最大的开支就是电费,因为产品本身是提供10年质保的,即10年之内如果有任何质量问题,您都不用担心。您担心使用起来成本高,主要是担心耗电量过大,对吗?"
>
> 客户:"是的。"
>
> 电话销售人员:"耗电量大不大,比一比就知道了。目前市面上同等价位的机型中,某公司的某机型是比较畅销的一款,我们就和这款机型做个对比,您看怎么样?"
>
> 客户:"好的。"
>
> 电话销售人员:"我来帮您计算一下,由于……的原因,我们可以得出结论,即这款机型日耗电量是8.5度,而那款机型的耗电量是10.2度,因此您完全可以放心。"(做出解释)

在上述案例中,销售人员针对客户的担心做出正面回答,从而有效地打消了客户担心"产品使用成本高"的顾虑。

有备而来，让拒绝来得更猛烈些吧

我们在前面提到了很多处理客户拒绝的方法，也得知客户拒绝时销售中的常态。那么，我们有没有一些方法让客户的拒绝说不出口呢？这就涉及预防客户拒绝的问题。要想做到预防客户拒绝，我们就要为各种可能的拒绝做好准备，并且换位思考，站在客户的角度上去分析：客户为什么要拒绝？

我们不妨假设自己就是客户，而且掌握某些产品采购的"生杀大权"。首先，客户不是每天坐在办公室里无所事事地专门等着销售人员打过来推销电话，而是在忙着做自己的工作，一通又一通的陌生推销电话总是不期而至，会一次又一次地打断客户的正常工作节奏，这肯定不是一件让人感到愉快的事情。

其次，客户显然不是每天都需要购买产品，但是每天都期望客户购买产品的电话却是一个又一个，这种情况下，客户接到陌生推销电话，自然难免心生烦恼。然而，让客户更加烦恼的是，很多销售人员根本不理会客户有无需求，只顾在电话里喋喋不休，仿佛不达目的誓不罢休。这样做只会让客户产生反感。

电后，更让客户感到头痛的是，即便客户本身没有需求，但是只要接听了较多的销售电话，总会有一些销售人员能在无形之中巧妙地促使客户购买，哪怕是客户用不着的东西，客户过后便会心生懊悔，并为此付出了金钱上的惨痛代价，这些痛苦的经历会让客户记忆深刻，使得客户对后续的销售电话唯恐拒之而不及。

我们通过归纳上述因素会发现这样一个客观事实，在与电话销售人员通话的过程中，客户感觉自己遭受了太多的烦恼和痛苦，为了防止这种烦恼和痛苦一而再、再而三地发生在自己身上，客户就会在自己与销售人员之间筑起一道防火墙，销售人员所发出的任何信息都会被这道防火墙反弹回去，这也就是客户为什么热衷说"没有兴趣""我很忙"等说辞的深层次原因。

当我们了解客户在心里筑着这道防火墙时，我们就要努力有效地拆掉或绕过这道防火墙。具体来说，我们在开场白的时候，要避免直接以销售的口吻与客户交流，这样的话，极易令客户启动防火墙；我们可以对客户构建有效的刺激，从而转移客户的思考焦点，比如我们可以说："如果有一家旅行俱乐部可以帮助您节省70%的酒店住宿费用，以及60%的机票费用，并且不需要您任何额外的投资，我可不可以花一到两分钟的时间向您做个简单的说明？"这样的话，可以令客户一听到对自己有利，又不需要自己付出什么，可谓"零风险"，从而有效规避客户启动防火墙，促进销售人员与客户接下来的交流。

另外，在前面预防客户拒绝的同时，销售人员还要做到"有备而来，不打无准备之仗"，重点是要做好三件事：第一，做好被拒绝的心理准备，这样的话，即便"不幸"被拒绝也不会受创伤太深，也可以避免心情欠佳而影响冷静思考；第二，要提前预约，很多拒绝是在没有预约的情况下出现的，而且没有事前预约，也会破坏交流气氛；第三，要提前掌握客户的信息，知己知彼才能百战不殆，当你掌握了一个人的性格、脾性、处事风格之后再与其交谈，就能很容易地投其所好，使交谈更加顺畅。

坚持不懈，用你的热情感化客户

无论干什么工作，就怕没有持之以恒的热情。在工作中，电话销售人员接到每天打电话的数量指标后，单从机械地完成数量指标这一点来看，难度并不大，毕竟只不过是打过去一些电话，无论客户什么反应，打够电话数量就可以了。这种做法往往是为"打电话"而"打电话"，若要想真正地实现与客户的成交，就要转变这种心态，并通过持之以恒的工作热情最终"拿下"客户。

我曾经举过一个例子，那就是我在接到某一个推销理财产品的销售人员的电话时，并没有表示购买，然而这位电话销售人员跟我一联系就是好几年，最后，我从这位销售人员那里购买了一份理财产品，获得了一定收益。实际上，购买理财产品不仅仅是我的理财需求，更是对这位电话销售人员的认可与支持。我相信，一个人若具有这种持之以恒的热情，起码是应该受到尊重的。

一般来说，在电话营销中，我们应该坚持三个原则，即大声、兴奋和坚持不懈。我有时发现一些电话销售人员在给客户打电话时，用非常平淡而低沉的语气同客户交流，这种做法是需要改变的。因为电话销售中，彼此互相看不见对方，你甚至无法靠自己的颜值去感化客户，这时，你的热情就通过声音来表现。再者，销售本身是充满感性的，虽然有些理性色彩，但相对而言，打动客户，促使客户下定决心成交等，均是出于客户的感性决定；相应的，大声和兴奋本身就传达了一种自信和乐观，当然，这里的大声和兴奋是要适可而止的，不可过于夸张。

销售人员为了做到持之以恒的热情，就要发自内心地爱上自己、爱上公司、爱上销售、爱上产品。具体来说应做到以下几点：

（1）销售人员要意识到"每一通电话都可能来钱，为公司产生利润"，所以应重视每一通电话。

（2）电话是公司的公关形象代言人，你不仅要同客户做生意，同时也传递了公司的形象。

（3）打电话过程中，要先赞美客户，任何人都喜欢听到别人发自肺腑和真实的赞美。

（4）在电话里向客户传递健康积极的情绪，从而感染对方。

（5）电话营销是一场心理学游戏，销售人员的声音要清晰、亲切，说话要有见解，语速要和对方保持同步。

（6）要把客户当作自己的朋友，认识到客户是在帮助你成长，帮你的企业盈利，同时你也在帮助客户实现某种需求，给客户带来更多的便利，你与客户之间是双赢的关系。

（7）在介绍产品时，要重视使用数据，会讲故事，证明产品的价值，还要懂得感性地说话，让客户感觉你不仅"靠谱"，而且有情有义，不是做完生意就成陌生人。

另外，在给客户打电话之前，要做好情绪的准备，让自己的情绪饱满；要对镜子甜甜地微笑，从而让自己的形象美起来；要做好工具的准备，通常来说，要准备好三色笔（黑、蓝、红），以及纸张，做到书写和标注个性化，便于自己的记忆。

总的来说，成功的销售，都是从一点一滴的细节开始的，通过持之以恒的热情和努力，并将简单而有价值的事情重复做下去，从而最终感化客户，赢来订单。

下篇

实战技巧与注意细节

◆ 巧妙绕过前台和总机

◆ 巧妙提问，电话销售不再难

◆ 电话里怎样谈价格

◆ 你的声音价值千万

第九章
巧妙绕过前台和总机

在很多公司中，为了更好地利用时间、分配工作任务、高效地工作，往往会设置前台和总机来充当"守门人"角色，如果有外部电话打进来，"守门人"会对来电进行过滤。其中，很多公司的前台和总机有着拦截推销电话的职责。

实际上，前台和总机人员轻轻挂断电话看似不过几秒钟的事情，但对于电话销售人员而言，可能会失掉一桩大交易；甚至可能为没有完成销售指标而被公司末位淘汰。因此，我们拨过去的电话如何不被前台和总机挂断，甚至被前台和总机视为值得接听和转接的电话，是电话销售人员需要潜心提升的一项重要技能。

知己知彼：你对前台、总机知多少

不少刚从事电话销售的朋友表示，好不容易找到了客户资料，在打给客户的时候，却总是过不了第一关——公司的前台或者总机。很多时候，销售人员没有成功接触到潜在目标客户的关键联系人之前，就已被前台或总机过滤掉了，这让很多销售人员感到苦恼。

如果销售人员认真总结的话就会发现，每当我们打电话给陌生客户的时候，前台或者总机总是告诉我们"客户在开会"或者"碰巧不在公司"，这不由得让我们想：为什么每次打过去电话，总是这么巧呢？其实，在这里面，有不少情况是前台或者总机有意为之，从而在一定程度上屏蔽了我们找到目标客户的努力。

那么，前台或者总机为什么总要扮演"拦路虎"的角色，挡住我们前进的步伐呢？

其实道理也很简单，客户公司的前台或者总机的本职工作就是负责过滤掉这些销售电话，这是前台或者总机的职责所在。因此，电话销售人员想办法找到潜在目标客户的关键联系人，而前台或者总机的职责就是想办法不让销售人员"骚扰"他们公司的关键联系人，两者可谓针锋相对。在很多时候，销售人员要想实现销售，就需要克服前台或者总机的阻碍。那么，销售人员怎样才能顺利地绕过前台或者总机呢？

有些销售人员认为，只要坚持不懈地给前台或者总机打电话，就能越过前台或者总机这一关，实际上，这种方法一般是行不通的。我记得自己在刚从事电话销售工作时，就有过这样的念头，不断地打一些公司的前台或者总机电话，而且理直气壮地告诉对方自己的销售员身份，结果这些公司的前台或者总机只要一听到我的声音，就立刻挂断。

我后来发现，前台或者总机总是习惯性地挂断销售人员的电话，一个重要的原因是，他们认为你打的这通电话不重要，甚至可能被归入"骚扰电话""恶意推销"之列，但倘若是打给他们公司的一通非常重要的电话，比如是来谈采购、谈合作项目的，前台或者总机还敢随意挂断，不转接这通电话吗？

基于此，我们不由得想问："究竟哪些电话才是前台或者总机认为应该转接的那类电话呢？"答案是"要有充分而足够的理由"。

如果电话销售人员能够给出前台或者总机充分足够的理由来转接电话，即使这通电话最后被认为是不该转接的电话，因为有了转接的理由，对于前台或者总机工作人员的工作而言，在客观上说并没有失职。因此，销售人员要主动给前台或者总机"充分而足够的转接理由"。我们来看下面的案例：

电话销售人员："转何总！"

前台："哦，请问您是哪位？"

电话销售人员："我是李老师，他知道的。"

前台："好的，我马上转过去，您稍等。"

在上述对话中，销售人员打过去电话后，不需要问"请问是××公司吗"，也不需要问"请问××在不在"，而是直接以"很熟悉"的方式告知对方找某人，这样的话，前台或者总机听不出来"销售的味道"，还以为对方跟自己公司的领导很熟悉，或者有业务、项目合作，也就会很快地把电话转接过去。

熟人好办事——关键人物法

通常情况下，销售人员打来的电话被前台或者总机拦下，往往是因为你和客户公司的领导或同事不熟悉，假如你和客户公司的领导或同事比较熟悉，前台或者总机在拦截你的电话时，可能还要考虑其公司内领导或同事的态度。因此，销售人员在打电话到前台时，千万不要把自己当成是陌生人，而是要显得和客户公司的有些人很熟悉，这样的话，前台或者总机相应地也就不便于马上挂断你的电话。我们来看下面几个案例：

电话销售人员："小赵过来没有？"

前台："小赵？请问哪个小赵？"

电话销售人员："就是赵栋梁呀！"

前台："好的，我马上帮您转过去。"

由于按照我们通常的称呼习惯，称呼对方的名而不是姓名，或者称呼对方为"小赵"或者"老赵"，都是一种很亲密的称呼，会让前台或者总机感觉到你和对方是很熟悉的关系，自然不好拒绝转接你的电话。

电话销售人员："是锦辉贸易吗？"

前台："是的，先生贵姓？"

电话销售人员："哦，我是王宗（王总的谐音）！"

前台："好的，您稍等一下，我马上帮您转过去。"

上述对话中，电话销售人员只是称呼对方公司的简称，给人一种比较熟悉的感觉；在介绍自己时，简短地称自己为"王宗"，这可能是销售人员给自己起的一个"艺名"，同时让前台产生错觉，以为是"王总"，毕竟老总之间的事情不是前台方便过问的，所以就将电话转接了过去。

电话销售人员："转刘志斌经理！"

前台："刘经理？请问您是哪位？"

电话销售人员："我是他朋友。"

前台："刘经理现在很忙，不如等会儿您再打过来。"

电话销售人员："这个家伙，整天说自己很忙，你只管转过去，我来骂骂他，看他整天忙些什么，连兄弟的电话都不接。"

前台："嗯，好的，我马上转过去。"

在上述对话中，电话销售人员显得跟目标客户很熟悉，甚至偶尔通过"爆粗口"来体现自己和目标客户关系的熟悉度，使得前台将电话转接过去。在具体运用中，销售人员要适可而止，不可过分夸张，否则一旦被前台识破，可能就会成为一个无厘头的搞笑，并被前台挂断电话。

总的来说，销售人员在利用熟人效应，寻找客户公司中的关键人物时，要注意好一个度，通过让前台或者总机产生错觉来达到让对方转接。另外，绕开前台或者总机只是一个技巧，是为了推进销售工作的开展，但是销售人员不可采取某权威机构或权威人士的名义去"蒙骗"前台或者总机，这将违背诚信的商业准则。

振聋发聩——重要事情法

重要事情法是指电话销售人员讲出一件十分重要的事情，让前台或者总机帮忙转接。这些事情必须是前台或者总机的职责范围无法处理的，同时，假如前台或者总机不帮忙转接，由此带来的后果他们可能无法承担。例如：

电话销售人员："转张爱国！"

前台："张经理？请问您有什么事情？"

电话销售人员："钱方面的事情，我要问他到账了就没有。"

前台："哦，我马上给您转过去。"

一般来说，几乎所有关系到钱的事情，都是前台或者总机的职责范围之内不应该过问的事情，自然转接也就成了水到渠成的事情。在上面的对话中，销售人员以同目标客户存在某种转账业务为契机，前台不便询问，很快帮销售人员做了电话转接。

电话销售人员："是锦辉贸易吗？"

前台："是的，请问您是哪位？"

电话销售人员："我是陈壮，请转高总！"

前台："陈先生，请问您找高总什么事情？"

电话销售人员："是这样的，我们找你们公司订了一批货，但是现在都没有收到，我想问问你们高总怎么搞的？到底怎么回事？什么时候可以把货送到？"

前台："好的，我马上转过去。"

在上述对话中，销售人员扮作金辉贸易的客户，责问对方货物何时送到，这时，前台或者总机若不转接，由此惹下的麻烦，是他们无法承受得了的。所以，前台得知大概情况后，很快转接了销售人员的电话。

电话销售人员："是锦辉贸易吗？"

前台："是的，您是哪位？"

电话销售人员："哦，我是袁会长，想问高总一件事情！"

前台："不知道您找高总有什么事情？"

电话销售人员："是这样的，我想问问他，这个星期的联谊会，不知道他的发言稿准备好了没有？"

前台："好的，我马上给您转过去。"

上述对话中，电话销售人员扮作某协会会长，成功地使得前台转接了电话。

总的来说，电话销售人员在扮演相关角色，以及谈及一些重要的事情时，要做到说得跟真的似的，不能在客户面前穿帮。为此，销售人员不妨提前做好演练，打有准备之仗。

隔行如隔山——专业知识法

在绕过前台或者总机时，销售人员可以用一些专业词汇让前者或者总机生畏，同时凸显自己找目标客户的确是处于专业领域合作的需要，从而使得前台或者总机转接电话。我们来看下面的案例：

电话销售人员："请问杰森科技吗？"

前台："是的，请问有什么可以帮到您的？"

电话销售人员："麻烦转接一下田明君田工。"

前台："田总工程师，您找他有什么事情？"

电话销售人员："这件事情还是和他说比较好。"

前台："总工有过交代，有什么事情的话，让我先帮忙处理，您还是和我先说一下吧。"

电话销售人员："好的，是这样的，我要和他谈的是关于Business Intelligence及Description and Visualization架构……"

前台："您还是不要讲了，讲了我也不懂，我还是给您转到田总工程师那里，您和他说吧。"

在上面的案例中，销售人员说的"关于Business Intelligence 及 Description and Visualization 架构"，专业性很强，正如前台所表示的"不懂"；另外，这样具有极深技术含量的话题，已经很充分地显示了你打电话过来找田总工程师是有真正重要的事情的，对方自然会帮你把电话转过去。

俗话说"台上一分钟，台下十年功"，销售人员因工作需要，打电话到前台或者总机时，需要说一些专业性很强的话，从而绕过前台和总机，这需要销售人员有着很强的学习能力，包括了解某些专业概念，从而在给前台或者总机讲解时，才不至于不熟练或说话吞吞吐吐。因此，销售人员往往要有旺盛的学习力，只有这样，才能将一些晦涩的专业词汇信口拈来，而且不漏破绽。

其中，学习力是把知识资源转化为知识资本的能力。一个人的学习力如何，要看这几方面：一是他的知识总量；二是他的知识质量；三是他的学习流量，即学习的速度及吸纳和扩充知识的能力；四是他的知识增量，即学习成果的创新程度以及学习者把知识转化为价值的程度，这往往是最重要的。总的来说，销售人员就要学习和具备一种能力，将知识转化为工作的改进和订单的获取。

为此，销售人员在和客户联系时，不妨先对客户所处行业有个大致的了解，这样的话，既可以用些行业内的专业词汇唬住前台或者总机，还可以在电话接通后，与客户在沟通时有共同语言。

软硬兼施——直接施压法

有的时候，即便我们向前台或者总机表明自己是很重要的人，也提到有非常紧急的事情要找客户，前台却还是要"打破砂锅问到底"，不弄清楚缘由不罢休。这时，电话销售人员不妨态度强硬一点，告诉前台这件事情不是其职位可以处理的，如果不转，会有很严重的后果。通过这种直接施压法，迫使前台或者主机不得不转接。我们来看下面的案例：

电话销售人员："请转罗总。"

前台："您是哪位？"

电话销售人员："我找罗总有急事，你转过去就可以了。"

前台："先生有什么急事，可以和我讲，然后我再转告罗总。"

电话销售人员："跟你讲，你能够做主吗？叫你转过去就转过去嘛，这么啰唆干什么？"（电话销售人员的语气变得强硬）

前台："罗总现在很忙，恐怕不行。"

电话销售人员："你是不是新来的？是不是你们罗总叫你们这样跟客户讲话的？你知道我现在的事情有多么重要，办砸了损失有多大吗？要不这样，待会儿罗总打电话给我，我就说已经跟你讲过了！"

前台："好的，我马上帮您转过去。"

　　实际上，前台或者总机之所以对转接电话这么慎重，是因为不想承担转接错误电话造成的责任，所以，如果电话销售人员把一个更严重的后果与这种责任相比较，前台或者总机在自身无法承受的情况下，自然会很容易地做出转接与否的决定。

　　说到这里，不由得让我想起一件事情。我曾经见到多家公司对于前台人员工作内容的描述，以及绩效考核内容，其中有一项就是转接过多少恶意推销电话。如果前台转接的电话被主管部门视为恶意推销电话，就意味着前台或者总机工作人员的绩效考核要受到影响。

　　基于此，销售人员不仅要想办法绕过前台或总机，即使成功绕过了，也要与目标客户友善、和谐地交谈，无论能否成交，销售人员都要努力给目标客户留下好的印象，避免目标客户迁怒于前台或者总机，从而影响前台或者总机人员的绩效考核。

曲线找人——旁敲侧击法

在实际工作中，如果我们要让前台或者总机直接转接到对方高层那里，一般会遇到很多困难，但是如果要求前台转一下维修部或者销售部就会相对容易一些，这是因为，每天打到前台的电话，除了推销电话，还有可能是售后维修或者订货方面的电话，对此，前台或者总机通常不会多加过问，转接即可。

基于此，我们可以通过前台将电话转接至一些低难度的部门，由于这些部门与电话销售人员打交道的机会很少，自然"经验"也不那么丰富，相对来说比较容易通过他们将电话转接到关键联系人那里。我们来看下面的案例：

前台："您好，明然科技！请问有什么可以帮到您的？"

电话销售人员："你们的维修电话是多少？"

前台："95338！"

一般来说，我们询问"你们的维修电话是多少"，要比请求对方"转一下售后服务部"的效果要好一些，这样的话，显得我们并不依赖前台的转接，而且更像的确有事找售后服务部。

电话销售人员："您好，是明然科技吗？"

客户："是的，请问什么事情？"

电话销售人员："我是海康办公的任飞。是这样的，如果有一种方法可以帮助您立刻降低公司的办公用纸费用20%以上，我可以用一到两分钟时间向您做个简单的说明吗？"

客户："办公用纸？先生，你打错电话了吧？"

电话销售人员："打错电话，您的意思是……"

客户："我这里是维修部。"

电话销售人员："哦，真不好意思。师傅，请问您贵姓？"

客户："免贵姓刘。"

电话销售人员："刘师傅，真不好意思，任飞今天非常幸运地将电话打到您这里来，从您的声音中，就能听出您是一位豪爽、乐于助人的绅士。对了，刘师傅，任飞可以请您帮一个小小的忙吗？"

客户："你说吧。"

电话销售人员："刘师傅，如果您是我的话，您觉得应该找哪一个部门呢？"

客户："当然是后勤部，你拨分机999就可以了。"

电话销售人员："谢谢刘师傅，顺便问一下，如果您是我的话，您觉得找谁比较合适呢？"

客户："你找黄经理就可以了。"

在上面的案例中，电话销售人员通过曲线找人，旁敲侧击地问出了要找的目标客户。实际上，在一个公司里，内部与外部之间不仅仅只有前台或者总机这样一个接口，往往存在一系列接口，同时，客户公司内部一些联系人和电话信息对于外部的电话销售人员来说可能不易获知，但是对于客户公司内部而言，获知这些信息就很容易。举例来说，曾经有家集团公司，外界很难获取其内部高层领导的联系方式，然而在该集团公司内部的联络平台上，即便普通员工也可以轻易地获知高层领导的联系方式。

因此，销售人员在寻找目标客户时，不必在前台或者总机这一棵树上吊死，可以积极思考，多找几个联络借口，从而顺利地找到目标联系人。

三招教你搞定前台和总机

任何时候，我们都要坚信，办法总比困难多，只要方法正确就没有解不开的难题。在电话销售中，前台往往会给销售人员设置一系列障碍，如果电话销售人员精通反客为主的话术，就能善于应对一些难缠的话题，从而使前台成为自己寻找关键联系人的向导。在这里，我们主要介绍反客为主的三种话术，从而帮您轻松搞定前台和总机。

1. 把问题抛在前面

提问是电话销售中反客为主的重要方法，如果问得巧妙，不但可以把前台原本想提给你的问题挡回去，还可以使你化被动为主动，轻松化解难缠的局面。我们来看下面的案例：

电话销售人员："我这里有一个快件要寄给李经理，李姓太多，担心直接写'李经理'会发生错误，所以，请您告诉一下李经理的全名是？"

前台："我们这里有三个李经理，你说的是哪个李经理？"

电话销售人员："事业部的，看来我的担心还是有道理的呀。"

前台："呵呵，那就是李明了。"

电话销售人员："真是感谢您。"

在上面的案例中，假如销售人员直接问"你们事业部的李经理全名叫什么"，很可能会引起前台工作人员的防范心理，这是因为前台在回答你的问题之前，必然会考虑你找目标联系人会有什么事，会考虑是否方便透漏李经理的姓名给你。这样的话，再想让前台告诉你目标联系人的全名，就会比较难办。相反，销售人员以要给目标联系人发份快件为理由，而且很自然地说出了目标联系人的姓氏和部门，再加上销售人员对前台比较尊重，因此，前台就会放心地把目标联系人的全名告知了销售人员。

2. 巧说善意的谎言

我们倡导销售人员要恪守诚信的原则，但这并不意味着销售人员在工作中无法发挥主观能动性，其实，销售人员可通过一些善意的谎言，绕过难缠的前台，从而敲开沟通的大门，也是一种应对前台时的技巧。我们来看下面的案例：

前台："怎么又是你？"

电话销售人员："我也不想三番五次地麻烦你，不好意思，上午接到你们黄经理的电话，上次的事他让我与老总商量一下再给他回复，我这不着急嘛。"

前台："那你打老总的手机吧。"

电话销售人员："要是能打的话，我早就打了，他的手机关机了，我着急啊。"

前台："是这样呀，那你稍等。"（转接电话）

应该说，不会说善意谎言的销售员算不上合格的销售员。上述案例中的电话销售人员的"谎话"可谓让前台真假难辨，加上前台听到对方说事情很急，自然不敢怠慢，就赶紧帮销售人员转接了电话。

3. 灵活运用"三点论"

所有问题的答案，都可以概括为"是""不是""不非不是"三种。如果我们把这三种结果都考虑进去，就会让一些问题无懈可击。我们来看下面的案例：

电话销售人员："您好，我是某经济学会的，有一些内部消息要跟陈总核实一下，他的电话是……"

前台："不会又是销售的吧？"

电话销售人员："如果您这么想，您就挂机，但后果您来承担。"

前台："那您说吧，什么事，我代您向陈总转达就是了。"

电话销售人员："我当然可以告诉您，但是我想还是和陈总直接说比较好。因为告诉您之后有三种结果：第一，我违反了学会里的纪律，办事不力；第二，您由于知道了里面的一些未被证实的内部消息可能会被领导误会；第三，有些专业性的东西完全没办法给您解释。"

前台："那您还是亲自和陈总说吧，我把陈总的电话告诉您。"

在上面的案例中，销售人员的话可谓滴水不漏，而且有严密的逻辑性，前台会因无言以对而将目标联系人的电话告知销售人员。

总的来说，我们在面对一些难缠的前台或者总机时，要克服程式化、千篇一律的话术通病，而要掌握更多的语言技巧和销售话术，从而化问题于无形，并促使前台准确快速地把电话转接到你要找的人那里。

第十章
巧妙提问，电话销售不再难

　　在销售洽谈过程中，电话销售人员只有向客户提出恰当的问题，才能更好地引导客户的思维向有利于成交的方向迈进。实际上，在销售沟通过程中，常常伴随着一系列提问，这也是推动谈话有效开展的重要途径。

　　电话销售人员在提问过程中，务必确保提问不能使客户产生逆反心理，且所提的问题要有分寸，尽可能使得所提的问题让用户便于回答、乐于回答。可以说，善于提问是电话销售高手必备的一项基本功。

想让客户开金口，你要先会问

提问对电话销售的作用是非常重要的，可以说，一位电话销售人员提问水平的高低直接决定了其业绩的好坏。我们知道，一台电脑，无论其配置有多高、多先进，但是如果我们不知道该如何使用，就难以发挥出其应有的作用，所以，要想充分地利用电脑，我们就要懂得如何输入正确的指令。客户的头脑就好比一台电脑，在里面储藏着电话销售人员想要的任何答案和资料，如果你想从客户的头脑中调取出想要的资料，同样需要懂得输入正确的指令，而要做到这点就需要有效地提问。

提问看似简单，却是一门很有艺术的学问。通常来说，提问是由两部分组成的：一是提问的方向与目的，也称为"问什么"；二是提问的具体方式，也称为"怎么问"。我们接下来通过这两个组成部分来理解提问。

1. 问什么

我们通过提问，主要是想获取客户的什么资料呢？首先，想了解客户的现状；其次，想了解客户的期望；最后，想让客户确认现状与期望两者之间的差距，从而让客户自己发现问题与不满，以触发客户的需求。

为了达到上述目的，科学的提问要符合"6W2H"的原则。其中，6W2H指英文单词what、why、when、who、where、which、how、how much的缩写。我们来具体看"6W2H"的含义。

（1）what是指客户正在做或者期望做的事情或者目标。比如，"您认为一台电脑好的标准是什么？"

（2）why是指客户这样做的背后的原因和动机。比如，"当时您是出于什么原因才做出这个决定的？"

（3）when是指某件事情的具体时间比如，"您上次参加培训是在什么时间？"

（4）who是指和这件事产生关联的人比如，"当时是谁负责做出这个决定的？"

（5）where是指具体的地点或者场所比如，"您出差时，是到省内多些还是省外多些？"

（6）which是指让客户做出某种选择比如，"在速度与安全之间，您觉得哪个更重要？"

（7）how是指客户是如何、用什么方法去做某件事情的比如，"您打算如何找到合适的人才呢？"

（8）how much是指与时间、费用、交货期等方面有关的计划或者具体定义比如，"这些问题大概多久才出现一次？"

2. 怎么问

提问的形式分为封闭式提问和开放式提问。其中，封闭式提问是一种带有收敛性质的提问，它会逐渐将话题导入到单一的答案上，这种提问通常有些固定的字眼，如"是不是""可不可以""对不对""好不好"等。

开放式提问则与封闭式提问完全相反，它给出一种比较自由的问题来让客户回答，范围比较广，客户可能有多种不同的答案，经常会用到一些开放型的字眼，如"什么看法""您怎么看"等。

在实际工作中，封闭式提问和开放式提问往往需要灵活组合，还可以引申出其他很多种提问，如销售人员在向客户提问时先征求客户的意见，与客户共同探讨某个问题，以及与客户共同对某个问题进行确认等。对此，销售人员要认真体会。

问对了，客户就会跟着你的思路走

有部一度热播的电视剧《芈月传》，其中，剧中秦国太后芈月有一段演讲收服军心的故事，被人们广为称道。当时，芈月刚理朝政，政权极为不稳，秦国不少旧贵族想要废除商鞅变法的成果，并且恢复旧制，为此，旧贵族们试图谋反，刺杀继续推行商鞅变法所定制度的芈月。当旧贵族的谋反行为被粉碎后，面对众多参与叛乱的将士，芈月通过一系列发问和演讲，收复了军心，并且很快彻底平定了秦国国内的叛乱。其中，芈月通过一系列封闭式和开放式的提问，如"你们为什么要造反"（开放式提问），"你们敢不敢去争取""能不能做到"（封闭式提问），从而极大地激发了众将士的共鸣，牢牢地凝聚了军心。

实际上，在销售过程中，提问同样是引导客户成交的好方法。我们需要注意的是，任何提问都必须围绕特定的目标展开，这是每一个销售人员需要谨记的。可以说，在与客户沟通时，销售人员要有目的地提问，是引导客户成交的好方法。

曾经有一位电话销售人员，他曾经多次打破公司的销售记录，其中有两次他的个人销售量就占全公司销售量的50%以上。那么，这位电话销售人员是如何做到这点的呢？这与他在提问方面的深厚功力是分不开的。比如，他经常这样问客户：

　　"您好！听说贵公司打算购进一批机械设备，能否请您说明您心目中理想的产品应该具备哪些特征？""我很想知道贵公司在选择合作厂商时主要考虑哪些因素？"（这两个问题的目的是弄清客户需求。）

　　"我们公司非常希望与您这样的客户保持长期合作，不知道您对我们公司及公司的产品的印象如何？"（这一问题的目的是为介绍本公司及产品作好铺垫，同时也可以引起客户对本公司的兴趣。）

　　"您是否可以谈一谈贵公司以前购买的机械设备有哪些不足之处？"

　　"您认为造成这些问题的原因是什么呢？""如果我们的产品能够达到您要求的所有标准，并且有助于贵公司的生产效率大大提高，您是否有兴趣了解这些产品的具体情况呢？"（站在客户需求的立场上提出问题，有助于对整个谈判局面的控制。）

　　"您可能对产品的运输存有疑虑，这个问题您完全不用担心，只要签好订单，一个星期之内我们一定会送货上门。现在我想知道，您打算什么时候签署订单？"（有目的地促进交易完成。）

　　"如果您对这次合作满意的话，一定会在下次有需要时首先考虑我们，对吗？"（为以后的长期合作奠定基础。）

　　总的来说，上述问题就反映了销售人员在与客户沟通时，几乎每一个提问都是为成交而精心设计的，从而牢牢地牵住客户的思绪，引领客户向成交的方向发展。

所向披靡的"四级提问法"

"四级提问法",是指销售人员通过信息层提问、问题层提问、影响层提问和解决层提问来推进销售成交。为了便于理解,我们接下来看一个"四级提问法"的案例。

电话销售人员:"早上好,请问是鸿坤公司技术保障部的周部长吗?"

客户:"是的,你是哪位?"

电话销售人员:"是这样的,周部长,您还记得我吗?我是尖峰公司的诸葛优,很高兴与您通话,请问您现在方便接听电话吗?"

客户:"哦,记得,这次打电话来有什么事?"

电话销售人员:"今天打电话给您,主要是想告诉您一个好消息,在告诉您这个好消息之前,我想请教您几个问题,好吗?"

客户:"又有什么好消息?"

电话销售人员:"请问您听说过ISO质量管理体系吗?"

客户:"听说过,有什么问题吗?"

电话销售人员:"太好了,那么请问一下,您公司现在通过什么方式进行现场质量管理呢?"(信息层)

客户:"我们目前还主要是采用手工操作。"

电话销售人员:"手工操作的方式也不错,但不少技术部门的管理者提

出，采用手工操作进行质量管理时，难免会出现数据记录错误，不知道贵公司有没有这种情况？"（问题层）

客户："有时的确会有，但是比较少。"

电话销售人员："这说明您公司的员工还是非常细心的。不过刚才听您说，有时难免出错，如果出错，应该是一件很糟糕的事情，这会影响到整个生产线，甚至有可能造成批量返工，从而无形中增加公司的成本，降低工作效率，您说对吗？"（影响层）

客户："是呀。"

电话销售人员："听得出周部长是一个很有责任心的人，但是那么多员工，谁也无法保证不会出现一点儿失误，您说是吗？"

客户："是的。"

电话销售人员："作为技术部门的负责人，从专业的角度看，如果员工出现操作失误，一般应该怎么解决呢？"

客户："其实，这也是一直困扰我的问题。"

电话销售人员："是吧！看来我今天给您打电话非常有必要，这个让您头痛的问题很快就会解决。"

客户："你们怎么解决呢？"

电话销售人员："这样吧，我这里有一套详细的解决方案，等您看了方案后，我们再做详细的沟通好吗？"（解决层）

客户："好的。"

电话销售人员："我稍后会把该解决方案发到您的邮箱。谢谢您，周部长，今天跟您沟通很愉快，祝您工作愉快，再见！"

在上述对话中，销售人员根据"四级提问"术的思路，层层推进，通过不断地暴露客户的问题，从而将客户的需求挖掘出来，并给出相应的解决方案，使得沟通朝着有利于成交的方向迈进。

能"问"的不要去"说"

世界著名潜能激励大师安东尼·罗宾（Anthony Robbins）曾经说："对成功者与不成功者最主要的判别依据是什么呢？一言以蔽之，那就是成功者善于提出好的问题，从而得到好的答案。"

在电话销售中，如果你想改变客户的购买模式，就要改变客户的思考方式，而要改变客户的思考方式，往往取决于你所提的问题。可以说，问题能够引导客户的注意力，从而让销售人员牢牢地掌握谈话的主动权。实际上，客户在与销售人员的谈话中，当思路有所漂移时，销售人员恰当的问题可以很快拉回客户的思绪。正因为这样，在销售界有句名言叫"能问的就不要去说"。

将其运用到销售实战中，即销售人员在跟进客户的过程中，不可以信口开河，但是提问要恰到好处。接下来，我们了解销售人员需要掌握的几类提问话术。

1. 提确认的问题

一般来说，电话销售人员在要求客户回答问题时，要多提简单的容易回答的、客户几乎没法抗拒的问题，尽量不要提需要客户考虑半天的问题。我们来看下面几个提问：

"黄总，您是负责销售的，对如何提升公司的销售业绩，相信您一定很关心，是吗？"

"除了工作，家庭和健康对您来说同样重要，是吗？"

"我现在有一套方案可以提升贵公司30%的销售业绩，不知您是否有兴趣听我介绍一下？"

上述问题就比较便于对方回答，客户只要做出肯定或否定的回答即可。通常来说，对于一些积极的引导，客户总会做出肯定性的回答。

2. 提可控的问题

销售人员所提的问题，一定要具有可控性，绝不可以让场面失控，为此，销售人员要学会灵活使用开放式提问与封闭式提问。当销售人员在问题中包含"哪里""如何""怎样"等关键词时，销售人员可以采用开放式提问，如"您会采取哪些计划来改变现有技术？""对于贵公司的现状，您觉得哪些方面需要改进呢？"；当问题比较单一，而且含有"能不能""对吗""好不好"等关键词时，销售人员可以采用封闭式提问，如"我可以提一个问题吗？"

3. 提连贯的问题

在销售人员与客户沟通时，如果客户的兴致较高，销售人员就可以趁热打铁，抓住机会多问一些连贯性很强的问题，从而使客户顺着你的思路，一一地回答你的问题。我们来看下面的案例：

电话销售人员："您需要购买一个三居室，是吗？"

客户："是的。"

电话销售人员："三居的话，至少也得90多平吧？"

客户："最好是100平左右。"

电话销售人员："如果一家四口人住，100平的三居室是很不错的选择，只是你考虑过具体的位置吗？"

客户："出行当然要交通方便一些，附近最好有商场、学校。"

电话销售人员："具体的户型、朝向，您也一定考虑好了吧？"

客户："一定要南北通透，前面不要有遮挡。"

电话销售人员："我明白您的大概要求……"

在上述对话中，销售人员借助客户急着买房的心理，提了一连串问题，从而得到了客户详细的回答，推进了销售成交的开展。

4. 提专业的问题

在必要时，电话销售人员一定要学会以专家的身份提问，从而给客户一种可以信赖的感觉。同时，在提问时，多表现出要帮助客户的姿态，也可以放低姿态向客户请教一些专业性较强的问题，比如"您觉得我们哪方面做得还不够完善？"等。

问出客户异议背后的原因

在电话销售中，总会伴随客户的若干异议，可以说，了解客户异议的产生原因是克服和解决客户异议的前提。因此，当客户提出异议时，电话销售人员应该能够通过提问快速地判断出客户产生异议的原因，并采取有针对性的解释工作，从而有效地化解客户的异议。

一般来说，客户产生异议的原因主要来自三个方面：一是来自客户本身的异议，二是来自销售人员方面的异议，三是来自产品方面的异议。

其中，来自客户本身的异议是销售中一种较为普遍的异议，这些异议主要体现在两个方面。一是客户没有意识到自己的需求，这在电话销售中很常见，主要是因为现在的商品极其丰富，客户选择余地较大，在看好某款产品的同时，往往会有多个备选商品，所以在做决定时往往犹豫不决，不时地提出一些异议。对此，销售人员可以将产品的特性与客户的需求对接起来，通过积极性的提问深化客户对于产品功能的认可。二是来自购买能力方面的原因，对此，销售人员可以询问客户对于价格的接受或认可范围等。

来自销售人员方面的异议，主要有客户不喜欢某个销售人员，对销售人员缺乏信任等。这时，销售人员要让自己的语气诚恳，探询性地问客户"我这样说，您看还好理解吧？""您对我的服务态度还满意吧？"等问题，了解客户对于销售人员的感知度，从而为消除这方面的异议做好准备。

来自产品方面的异议主要是指产品的价格、性能、功能等都会成为客户关注的焦点，在这些方面，客户会想当然地提出一些个人的异议，只要电话销售人员对产品足够熟悉，并且注意表达技巧，往往是可以化解这些异议的。同时，销售人员可以将产品的若干特性组合为问题，通过提问来了解客户是否还有异议。比如"咱们的产品价格虽然稍微高了一些，但是质保期更长，售后服务更完善，您对这点还认可吗？"等，从而通过提问的引导，促进这类异议的消除。我们来看下面的案例：

客户："这种面料很可能会缩水，而且保换期才10天，太短了吧？"

电话销售人员："您在这方面很有研究啊，不瞒您说，若洗涤方式不当，面料会出现缩水现象。如果注意洗涤方式，就可以避免这个问题，您说是吗？"

上述对话中，客户对于产品的某些性能和保换期有异议，电话销售人员在解释后，紧接着通过封闭式提问"您说是吗？"，这样客户也就不便于否定常识性的问题，自然要做出肯定性的答复，这样的话，就将客户否定性的负面思维引入肯定性答复的正面思维中，从而有利于销售成交。

电话销售中的提问原则

我们知道，在电话销售中，提问起着非常重要的作用。那么，销售人员在提问时，有没有一些需要遵守的原则呢？答案是有的，我们来看提问需要遵守的4项原则。

1. 多用肯定句提问

我们通过调查和研究发现，客户在回答问题时，很多时候与销售人员的提问方式有关。实际上，当客户做出肯定或否定性回答时，销售人员的问法就已经决定了这一结果。比如，销售人员若是采用一些违背常识、带有明显个人感情色彩的问题发问，客户往往就会做出否定或者模棱两可的回答。举例来说，销售人员若问客户"一加一不等于二，你说对吗"，这类问题或者违背常识，或者让人无法判断提问者发问的目的，对方自然不好轻易回答。若销售人员询问客户"现在很多先进的公司都在构建自己的局域网了，不是吗"，销售人员刚开始把主导思想说出来，末尾采用提问的方式将其传递给客户，很容易获得客户肯定性的答复。这样的话，销售人员提问的前提符合事实，而且与客户的看法一致，自然就会引导客户说出一连串的"是"，直至成交。

2. 询问客户时要从一般性的事情开始，然后再慢慢深入下去

在向客户提问时，虽然没有一个固定的程序，但一般来说，先从一般性的简单问题开始，逐层深入，一般从中发现客户的需求，从而创造和谐的推

销气氛，为销售成交打下基础。

3. 先了解客户的需求层次，然后询问具体要求

我们在了解客户的需求层次后，就可以掌握说话的大方向，从而把提出的问题缩小到某个范围以内，也更易于了解客户的具体需求。比如，客户的需求层次仅处于低级阶段，即生理需要阶段，那么客户对产品的关心就会多集中于经济耐用上；若客户的需求层次处于高级阶段，即精神需求阶段，那么客户对产品的关心会体现在个性化设计、个人价值实现等方面。当你了解客户的需求层次后，就可以有针对性地进行推销。

4. 注意提问的表述方法

有一个小故事是这样的：

一个人问牧师："我可以在祈祷时抽烟吗？"

牧师回答："不可以，这是对信仰的亵渎。"

这个人又问："我在抽烟时可以祈祷吗？"

牧师感动地说："可以，你的信仰好虔诚，无时无刻不在想着祈祷！"

这个故事告诉我们，同样一件事，表述方式不同，结果会有很大的差异。我们来看一个例子，对于一些寿险推销员来说，时常需要询问他人的年龄，但是年龄又是人们的一个隐私问题，因此，如果你直接问客户的年龄，比如"哪一年出生"，可能不仅得不到客户的回答，还会让客户视为无礼，如果你询问客户"在这份寿险登记表中，需要登记您的年龄信息，请问您是否要选择大于21岁呢？"这样的话，客户的抵触心理就会大大减弱。

正如人们日常所说"一句话百样说，为什么不挑让人高兴的方式说"，我们也可以说"一个问题百样问，为什么不挑客户能接受的方式问"，因此希望销售人员在提问时都能采取恰当的方式！

销售实战中的几个提问技巧

我国中医讲究望、闻、问、切，并且"问"在中医里占据着重要的地位。同样，在销售领域中，"问"也很重要。通过向客户提问题，有利于把握客户需求，使销售人员获得更多的信息；提问还能促进沟通，有利于减少与客户之间的误会，保持良好的客户关系；提问还有利于销售人员掌控谈判进程，在销售中取得主动地位。我们接下来介绍销售中的几个提问技巧。

1. 提问时要保持礼貌和谨慎

著名英国画家弗朗西斯·培根说："谨慎的提问等于获得了一半的智慧。"尽管提问有利于促进沟通，但是提问的方式和方法若不对，可能会引起客户的反感，甚至造成客户关系的恶化与破裂。因此，在与客户沟通过程中，销售人员提问时必须要保持礼貌，不要给客户留下不被尊重和不被关心的印象；同时还必须在提问之前谨慎思考，切忌漫无目的地信口开河。

2. 问得越充分，销售成功的可能性越大

通常情况下，人与人之间的交流大多是通过反复地问与答开展的。如果沟通双方没有问题，那么双方的沟通就可能陷入停滞。因此，销售人员在与客户沟通时，提问越充分，获得的有效信息就会越多，从而销售成功的可能性就越大。

3. 提问必须有的放矢，切中实质

在与客户沟通时，销售人员要切记：与客户沟通过程中的一言一行都要

紧紧围绕着销售目标展开，对客户的提问也要有目的地进行，千万不要漫无目的地提问甚至脱离最根本的销售目标。因此，销售人员可以适当将最根本的销售目标进行分解，化分成一个个小问题，从而既可以避免在与客户谈话时谈论一些无聊话题而浪费彼此的时间，又可以循序渐进地实现各个目标。

4. 多进行开放性提问

相对来说，封闭性提问限定了客户的答案，客户只能在有限的答案中进行选择，比如，"您是不是觉得和大公司合作比较可靠？""您今天有时间吗？""我能否留下产品的相关资料呢？"等。对于这些问题，客户通常只能回答"是""不是""对""错""有"或者"没有"等简短的答案，这样的话，客户不仅会感到很被动，甚至还会产生被审问的感觉，而销售人员也只能从客户的答案中得到极其有限的信息。

开放性问题则可以不限制客户回答问题的答案，完全让客户根据自己的喜好，围绕谈话主题自由发挥。进行开放性提问既可以令客户感到自然而畅所欲言，又有助于销售人员根据客户谈话了解更有效的客户信息。另外，在客户感到不受约束时，他们通常会感到放松和愉快，这显然有助于双方的进一步沟通与合作。

最后，在提问时，我们要尽可能地站在客户的立场上提问，不要仅仅围绕着自己的销售目的与客户沟通；对于某些敏感性问题要尽可能地避免，如果这些问题的答案确实对你很重要，那么不妨在提问之前换一种方式进行试探，等到确认客户不会产生反感时再进行询问；初次与客户接触时，最好先从客户感兴趣的话题入手，不要直截了当地询问客户是否愿意购买，一定要注意循序渐进；提问时的态度一定要足够礼貌和自信，不要鲁莽，也不要畏首畏尾；选择问题时，一定要给客户留下足够的回答空间，在客户回答问题时尽量避免中途打断；提出的问题必须通俗易懂，不要让客户感到摸不着头脑。

第十一章
电话里怎样谈价格

我们经常会在电话里听到客户咨询价格,那么,客户咨询价格能够说明什么问题呢?一是客户确实想购买;二是想比价,好在进行价格谈判时来压价;三是客户的一种谈判策略,担心买亏了,从而谨慎地向多方询问底价;四是泛泛地询价,并无购买诚意。

针对客户的上述询价心理,以及种种议价情形,我们在谈到价格时,既不能躲躲闪闪,令客户生疑,也不宜全盘机械式地报价,而是要讲策略、技巧,关键是要传递给客户物有所值、对用户有益的概念。

客户在电话里问起价格怎么办

当电话销售人员听到客户询问价格时，是否意味着客户一定对产品感兴趣，甚至想要购买呢？其实未必，俗话说"货比三家"，客户有时询问价格，可能是在试探电话销售人员的底价，以及同其他竞品进行价格比较等。

《孙子兵法》里说："知彼知己，百战不殆；不知彼而知己，一胜一负；不知彼，不知己，每战必殆。"销售人员要想让自己在与客户的价格谈判中占据主动，从而使产品或服务以理想的价格成交，就必须了解客户可能接受的心理价格，即客户能够接受的价格底线。只有知道了客户的价格底线，电话销售人员在与客户的价格博弈中才能有的放矢，并且占据主动，以利于价格谈判。

为此，当客户在电话里问起价格时，销售人员应该怎样回答呢？我们提供下面几个方法以供参考：

1. 先拒绝再试探

在销售中有一个这样奇怪的现象：如果客户认为你只是单纯地卖东西，那么客户就不会相信你说的价格。比如，你说："做生意就是为了赚个差价，600元怎么样？"那么客户往往会不答应。反之，你如果说："我喜欢跟你做生意，但是这件商品真的不能卖这个价儿，以后再合作吧。"这种"拒绝"的方式可以消除客户继续砍价的念头，稍后你再说："我很遗憾不能卖这台设备，但就咱俩来说，到底多少钱你能买？"这时，客户刚被你拒绝，失望之余，又听到你这样问，也许会说："我觉得1200元是最低价了，但我想1000元是可以的。"这时，销售人员如果认为还在盈利范围内，就可以顺水推舟，与客户达成交易。

2. 用领导做挡箭牌

比如客户想花1000元买台设备，而你要价1300元，这时，你可以给客户说："我们都觉得这个商品不够便宜，如果我向领导申请降到1100元，您能接受吗？"通过这样做，你就会在无形当中把客户的价格底线提高到1100元。

3. 了解客户对产品的熟悉程度

如果客户对某类商品的行情已经非常熟悉，说明他已经有了清晰的价格底线，基于此，销售人员在与客户谈价格时，可以先试探性地了解客户对商品行情的熟悉程度，或是确认他是否在其他地方见过该商品。

4. 用其他价位的商品做对比

通常来说，销售人员推销的商品总会根据不同的价格区间分为几种层次，当客户与销售人员因为价格问题而僵持不下时，销售人员可以话锋一转，与另一种档次较低的产品做对比："一分价钱一分货，您要是坚持这个价格，就只能买到类似这种较低档次的产品。"这时，由于有了对比，更能让用户感知产品的价值，销售人员也可以通过此举了解客户的心理价格。

总的来说，当客户在电话里问起价格时，销售人员既要懂得销售心理学，还要能够灵活运用销售心理学，培养对时机的把握能力，从而"将计就计"了解客户的心理价位，以利于接下来的销售谈判。

电话销售里的报价技巧

能否恰当地报价，是电话销售人员需要面对的一个极具挑战性的问题。通常情况下，在客户的预期中，价格没有最低，只有更低。如果报价稍高，客户就会觉得价格高得离谱，失去议价的兴趣；如果报价过低，甚至低于客户的预期，客户又会担心便宜没好货，可能就会质疑产品的质量。可见，报价也是一门重要的技巧和学问。

接下来，为大家提供几种在电话里的报价技巧：

1. 知己知彼，巧猜心理价

一般情况下，电话销售人员都应该在报价前争取多介绍产品的优势，多了解客户的信息，从而科学推测客户的心理价位，以科学地报价。

2. 把握时机，不问不报价

在销售技巧中，报价的时机非常重要，销售人员一般要把握"不问不报价，问了也要等适合的时机才报价"的原则。这是因为，如果在报价前没有进行有效的产品介绍，没有引起客户的购买兴趣，销售人员即使报价再低也不足以引起客户的信任。

比如说，当客户主动询问价格时，销售人员可以说"很高兴您对价格感兴趣，请您稍等，我马上就要介绍到产品的价格"，或者说"您问的价格，要看您所选择的款式，下面我给您介绍一下产品的款式"。也就是说，销售人员要力争在报价前将推销的前期铺垫工作做透、做实。

3. 两头讨好，保护性报价

为了避免报价对客户的心理产生强烈的冲击，在报价时，最好在价格的前后加上一句有关产品的利益及优惠的词语，甚至是无关的话来吸引客户的注意力。也就是说，在价格的两头都点缀些可以给客户带来实惠的语句，如"我们现在促销让利，价格才500元，还免收运费"，"这是最上等的蔬菜，价格比普通超市里都便宜，过几天促销过后就要恢复原价了"等。

4. 利益诱导，巧报折扣数

在报价中经常涉及优惠或折扣的报价技巧，销售人员灵活应用打折技巧，会让客户感觉"更实惠"，比如，1000元优惠100元与打9折是一样的，但是客户的心理感受却不同，如果说打9折，客户可能觉得才便宜1折，如果说优惠100元，客户可能就会觉得可以少花100元。当然，对于价格较低的产品，有时用折扣数可能更有诱惑力，比如，价格100元的商品便宜30元可能觉得不太多，但要是报"可以打7折"，则会显得便宜更多。

5. 化整为零，大数变小数

这是将大的整体数字按照单位、时间等分割开来，让价格听上去显得比较低，从而使客户容易接受。比如，每吨袋装水泥2000元，通常情况下，一袋水泥50千克左右，1吨等于1000千克，相当于200袋水泥，合到每袋水泥10元，可以报价成"这种水泥每袋10元"。再比如，某种产品价格看起来很高，但是合到每天才几毛钱等，都是"化整为零"，将大数变成小数，无形中让客户觉得"价格不贵"。

6. 两种报价，高低巧搭配

在给客户报价时，销售人员可以报出超低价格和正常价格两种价格，从而获得客户的初步认可。其中，通过报超低价格，可以让客户知道你有价格很低的产品，会想当然地认为你的产品在市场上有竞争力；通过报正常价格，可以让客户知道你还有中高端产品，从而给客户留下比较深刻的印象。

妙用饥饿营销策略，激起客户的购买欲

在生活中，我们有时会看到这样的现象：有些商品即便打出"跳楼价"，可是消费者仍是不为所动，从而使得在有些商品领域，竞争趋于白热化，参与竞争的商家大都两败俱伤；而有些商品一经推出，就被消费者抢购一空，为此，商家甚至组织消费者排队，交纳订金来购买。出现这种现象的原因，除了商品本身的差异，还与商家采用的销售策略有关。我们来看下面的一个案例。

某电商网站推出一款进口羊毛衫，由于营销有道，迅速吸引了众多客户的注意。该电商网站宣布限量销售2000件，而且下订单交付订金后才"有资格"购买。这些羊毛衫的售价不菲，让不少客户在价格面前有些犹豫。同时，为了应对广大客户的咨询，以及与客户进行沟通，该电商网站还配置了足够的电话销售人员。

客户："我看你们网站上标价是打8折，那么这件羊毛衫到底要多少钱？"

电话销售人员："现在正做促销，打8折，688元。"

客户："打8折还要这么多？"

电话销售人员："先生，相信您是识货人，现在买双鞋还得七八百，何况这是纯正的进口羊毛衫，不论是手感还是质地，都算得上是顶级货，很受高端商务人士的喜欢。您考虑买什么颜色的呢？"

客户："这么说的话，进口羊毛衫倒也不贵。只是我身上没带那么多现金，今天买不了了。"

电话销售人员："呵呵，现在谁出门身上还带现金呢？即使没带现金的话，还可以通过银行转账，方便快捷，收到款后我们就立刻发货。"

客户："不好意思，这段时间钱紧，没这么多钱。"

电话销售人员："没事的，假如您一时付不了全款，可以先交200元订金，我们为您保留折扣优惠，一周内您补齐尾款，我们仍可以以优惠的价格把羊毛衫给您快递过去。"

客户："我还是以后有时间再买吧，交订金的话就算了。"

电话销售人员："那也行，不过我们也不保证您下次能买到这款羊毛衫，以后就是有货，也无法确保您以这样超低的价位买到这款羊毛衫。"

客户："你们的活动要做多长时间？"

电话销售人员："售完为止，限量2000件，现在还剩100多件吧，有时一天就售出近500件。所以，我建议您如果看中了，就尽早下手。"

客户："好吧，那就来一件吧，我先把订金交了，一周内再给你们补齐尾款。"

电话销售人员："好的，您可以通过银行转账，也可以在我们的网站上进行支付宝、微信支付转账付款。"

最后，上述对话中的客户通过微信支付予以转账，成功购买了一件羊毛衫。人们常常会对越是得不到、买不到的东西，越想得到它、买到它。因此，电话销售人员可以利用这种"怕买不到"的心理，来促成订单。比如，电话销售人员可以对准客户说："这种产品只剩最后一个了，短期内不再进货，您不买就没有了。"或者说："今天是优惠价的截止日，请把握良机，明天您就买不到这种折扣价了。"通过这种话术，来有效激发客户购买的紧迫感，从而促成交易。

议价时要有理有节又有据

在电话销售中，通常不会出现这样的场面：电话销售人员报出什么样的价位，客户就答应多少。实际上，无论销售人员报价是高还是低，客户总是要针锋相对地议价，而且客户还会想当然地认为一定还有议价空间。可以说，这几乎是每一个销售人员都会遇到的情况。

实际上，议价是一个敏感的环节，如果议价成功，往往可以很顺利地进入成交环节；如果议价失败，往往意味着成交无望。那么，销售人员应该怎样做，才能做到在与客户议价时有理有节有据，避免客户胡乱砍价、漫天杀价，以便让产品的价格始终保持在一个合理的区间呢？现在我们提供如下方法谨供参考。

1. 合理的报价是议价的基础

在销售谈判中，很少出现"一口价"的现象，即销售人员报价多少就卖多少，更多的情况是销售人员与客户多轮交涉沟通的结果。在与客户议价时，销售人员合理的报价可以说是议价的前提。如果销售人员报价很离谱，那么客户很可能听完报价就挂断电话了；如果销售人员的报价接近底价，那么客户若议价的话，产品的利润空间就会进一步被压缩。因此，合理报价非常重要。关于报价，我们在前面已经有专门阐述过，此处不再赘述。

2. 不要让客户轻易地尝到甜头

一般来说，销售人员报价后，面对客户的议价，销售人员做出必要的让步往往是必要的，实际上，几乎每一种成交都是销售人员做出适当让步后成交的。然而，一味地让步往往也会做不成生意。比如，电话销售人员报价后，客户随口说一句"再便宜点儿吧"，如果销售人员马上就给客户便宜，不仅不会让客户感觉到"便宜不易"，反倒会助长客户的不信任心理，从而使得客户得寸进尺。我们来看下面的案例：

客户："产品还行，就是贵了点儿，你优惠一点儿，我就买了。"

电话销售人员："好吧，那我给您优惠100元，这是最低价格了。"

客户："才优惠100元？您是拿我开玩笑吧，我还价这么长时间，才还下100元？"

电话销售人员："100元真不少了，要不我帮您再申请一下。"

客户："好的，你去问问你们领导，看还能优惠多少钱。"

电话销售人员："我刚才问过经理了，最多再优惠100元。"

客户："你们怎么搞的呀？每次才优惠100元，你再去问问你们经理，如果还能再优惠，我就买了。"

电话销售人员："刚才又问过了，再次给您便宜100元。"

客户："这价格不行，你再优惠300元，商品总价400元的话，我就买了。"

电话销售人员："真的降不了了，再降价我们就赔本了。"

客户："那我不管，你再降300元我就买！"

在上面的对话中，客户每次还价，销售人员都轻易地降价，从而助长了客户"无限降价"的欲望，也降低了客户对于销售人员及产品的信任度。一般来说，销售人员每次降价时，都要让客户感到非常不易，才能在一定程度上遏制客户"无限降价"的念头。

3. 给客户一个清晰的底线

还价时最忌讳的是，第一次按照客户的要求便宜了一部分价钱后，接着是第二次、第三次……让客户的还价不断地实现，从而给客户造成一种错觉：离价格底线还远着呢，可以继续杀价！

为此，当客户提出降价请求后，销售人员在第一次降价的基础上可以适当留些余地，但是第二次降价时，幅度一定要比第一次小，从而让客户清晰地感到已经接近成交底线了。

切忌无条件地降价

我们在前面已经讲过，销售人员不要给客户轻易地降价，每一次降价都要尽可能让客户感到是销售人员非常困难地申请之后的结果。因此，在产品有一定的降价空间时，销售人员不要急于为了成交而主动提出降价。如果是迫不得已降价，可以参考下面的策略，从而达到有利于成交的结果。

1. 多强调价值，少关注价格

有时客户说"产品价格高"，往往是由于还不理解产品贵在哪里，当销售人员把产品"贵"的理由给客户解释清楚后，客户往往就会觉得不贵了。例如：

"肖总，价格确实比您预期高了一点儿，我想这并不是阻碍您购买的唯一因素。与价格相比，质量才是最重要的，您看我说的对吗？"

"价格确实高了点儿，但比起我们优质的售后服务和高质量的产品，价格就不算是很高了，对吧？"

在上述话术中，销售人员巧妙地把客户的注意力从价格转移到价值上，从而突出了"价有所值"。

2. 多肯定客户的感受

当客户对价格有异议，希望降价时，销售人员不要一开始就与客户唱反调，针锋相对地说"不贵"，而是要先感同身受地认可客户的说法，然后再有理有据地解释价格高的理由。

3. 锁定关键问题

客户关注的核心问题，往往是客户选择购买的关键问题。因此，当客户提出价格异议后，销售人员可以先锁定这样两个问题：

> "除了价格因素，还有没有其他问题？"
> "如果价格问题得到解决，您是否可以马上成交？"

当上述两个问题锁定后，销售人员就可以关于客户质疑的核心价格问题进行协商，并从中找到对应的解决方法。

4. 降价就要改变附加条件

电话销售人员可以根据客户提出的降价要求而调整其他附加条件。比如不承担物流费用、减少某些服务、增加单批订货量等，从而让客户感到我们的价格体系是很严格、科学的，利润空间也非常有限。

> "任总，是这样的，我们公司规定，如果这批产品的价格我们给您降低0.5个百分点，那么我们将不承担物流费用，您看这点没问题吧？"
> "刘总，如果您能将交货期延后一个月，价格方面我们可以给您做到13元一双，平均每双可以优惠1元钱。"

在客户提出降价时，销售人员通过改变附加条件，就需要客户做一个新的权衡，不管结果如何，都会让客户难以再随便要求降价。

5. 让客户做横向对比

当客户说价格高时，销售人员可以问客户："请问您是与哪些商品作比较的呢？"通过客户的回答，销售人员可以主动了解竞品信息，从而做出有针对性的比较。

"我做不了主，要向领导请示"

如果客户询问销售人员能否降价，销售人员不便做出让价，或者需要有个缓冲余地时，销售人员可以向客户表示，自己要向领导申请，是否可以降价。同时，销售人员还要与客户确认，假如按照客户的预期降价，客户是否会决定购买，以免让自己在领导面前受责备；假如客户预期的价位申请不下来，客户是否还可以再协商其他价位空间。这样一来，显得销售人员已经在降价方面尽力了，同时也显示出公司的价格体系是规范的。我们来看下面的案例：

电话销售人员："您好，高经理，我是小刘，盛邦公司的。今天打电话给您，有些问题想请教一下！"

客户："请讲！"

电话销售人员："我想听听您对我们做的《员工技能培训计划书》的建议与意见。"

客户："还可以吧，就是价格太贵了，培训一位员工要680元！"

电话销售人员："高经理，我理解您的感受，我们在做出任何一项决策时，价格都是要考虑的一个重要因素。请问除了价格因素外，您还有没有其他问题呢？"

客户："没有了。"

电话销售人员："如果价格问题得以解决的话，我们是不是马上就可以展开合作呢？"

客户："基本上可以。"

电话销售人员："好的，既然高经理这么爽快，我也做个爽快人。这样吧，我向我们公司领导申请一下，看能否为您争取到最优惠的价格。"

客户："好的，你什么时候给我答复？"

电话销售人员："请您放心，不管行不行，我都会在一个小时之内给您一个答复。"

客户："好的。"

（30分钟后）

电话销售人员："高经理，您好，我是小刘。"

客户："怎么样？"

电话销售人员："我跟我们公司领导商量了很久，他都说不行。后来我跟他说，这次同您的合作，我的提成不要了，他才答应给您一个老客户的价格，每位员工只需要580元。"

客户："那可谢谢你了！"

电话销售人员："没事的，这是我们的第一次合作，赚不赚钱不重要，希望这次合作让您满意后，您能够帮我多介绍一些客户就行了，好吗？"

客户："那一定。"

在上面的对话中，销售人员小刘一开始就站在客户的立场上说话，充分理解客户；接着运用"除了价格因素，还有没有其他问题"将问题锁定，从而便于销售人员发现客户产生价格异议的真正原因。当得知客户由于价格问题还没有做出决定时，销售人员表示马上与自己的公司领导协商，尽量帮客户争取一个优惠的价格。当再次联系时，销售人员告知客户结果来之不易，且幅度很小，让客户感觉销售人员所售产品的利润空间很小，已经没有再降价的可能，从而使客户最终选择成交。

要让客户感到买赚了

销售最好的结果，应该是客观上的双赢，以及客户主观上的"买得值，超值"。只有这样，客户才会发自内心地想要购买你的产品。如果我们仔细分析客户的购买行为，就会发现，客户选择购买且感到买得"超值"，往往是由下面这5个因素决定的：

1. 你很真诚

电话销售，其实是人与人之间的交往。客户是否选择购买，与销售人员做的工作到不到位有着直接关系。其中，客户对销售人员的信任感可以说是成交的一个重要基础。一切情感信任的建立都来自真诚，任何人都不会轻易选择不真诚的销售人员进行购买。可以说，你一旦失去真诚，客户就会对你失去信任，并离你而去。

2. 你能够为客户解决问题

客户决定购买某种产品，从根本上来说，是这些产品能够解决客户的某些特定需求。为此，销售人员要挖掘产品特性与客户需求之间的关联，从而唤醒客户沉睡的需求，让客户意识到产品对自己的重要性。

3. 让客户对你有强烈的神秘感

我们知道，在销售中，要想办法激发客户的好奇心，从而形成对客户的吸引力。为此，我们有必要为客户营造一种神秘感，从而张弛有度。比如说，我们在介绍产品功能时，不要全盘介绍，要介绍其中的一部分，留下的一部分让客户有种神秘感，从而激发客户的好奇心，吸引客户的注意力。

4. 你能够让客户感觉占了个大便宜

可以说，没有人天生就喜欢便宜货，但是所有人都喜欢占小便宜，这可谓人的本性。因此，我们要努力营造一种营销氛围，让客户感到买到产品是占了个大便宜。比如购物送礼品、购物打折等，都能让客户产生一种购买就能占便宜的心理。

5. 你能够帮助客户实现梦想

每一个人的内心都会有梦想，一旦达到这个梦想，就能进入心理愉悦期。客户同样也是如此。一般来说，客户希望自己面临的问题，通过某种产品解决方案来予以解决，如果我们能够满足客户的这种心理需求，就可以为客户带来某种精神上的愉悦感。

总的来说，每一次完美的成交，与客户的满意度是不可分割的。销售人员通过上述5个方面的努力，有助于提升客户的购买满意度，从而使得价格在客户看来将不是什么事儿，还会让客户有种惊喜的"买赚了"的感觉。对此，电话销售人员在工作中要认真揣摩。

第十二章
你的声音价值千万

　　电话销售人员的声音可谓是工作中最重要的一种资源，一般来说，只有自信的声音、适当的语调及语速，才能有效地传递出想要表达的信息。从某种程度上说，声音可以成为一个电话销售人员独具魅力的名片。

　　你是否注意过你的声音？是否想要优化自己的声音和说法方式，从而更好地展现自己的工作和社交魅力呢？我们接下来对电话销售中的声音进行深度讲解。

什么样的声音最有穿透力

什么样的声音是客户最乐意听到的声音呢？究竟什么样的声音最富有感染力？什么样的声音能让自己在电话里听起来更像是美女或帅哥？在长期的工作实践中，我们总结了拥有魅力声音的10个关键因素。

1. 保持正确的姿态

一个人发声的效果主要来源于鼻腔、口腔、咽喉腔、胸腔和腹腔的振动与共鸣，而不同的身体姿态对于这些腔体的发声有着重大的影响。当你坐着打电话的时候，记得抬头挺胸，这会让你气息顺畅、讲起话来气很足、穿透力加强，而且长时间打电话也不会觉得腰酸背痛；如果你站着打电话，不如来回走动，同时记得要身心合一，你的肢体语言和动作与你想要表达的文字意思要保持一致，比如你在兴奋时可以挥挥拳头。

同时还要注意，在接打电话时，要协调好身体与话筒之间的配合，适当调节话筒的音量，使对方的声音能够清晰入耳。接听时，尽量让听筒紧贴自己的耳朵，这样传出来的声音受到外界干扰的可能性会小一些。另外，话筒与自己嘴巴的距离应保持在一个拳头左右的距离。如果话筒离嘴巴太近，在换气的时候，气流就会冲击话筒使对方听到"噗噗"的杂音；如果话筒离嘴巴太远，则会使对方听起来感觉你的声音很小，也会使自己的声音失去原本的活力与穿透力。

2. 吐词清晰

在电话沟通中，客户最怕的是听不清楚你在说什么，这会让客户感到和你的沟通很吃力。再说，如果客户连你在说什么都听不明白，沟通又怎能持续呢？所以，销售人员要确保吐字清晰。

3. 充满热情

讲话时，声音一定要充满热情，因为充满热情的声音可以给客户积极正面的感受。其实，电话销售就是一种情绪的转移，你的热情会传递给客户，从而产生有利于销售的结果。

4. 随时保持微笑

有人以为，在打电话时微笑，客户又看不见。事实上在电话中微笑，客户虽然看不到，但是客户可以感觉得到。当一个人微笑时，在潜意识里会暗示自己是快乐的，进而调整自己的情绪朝积极、健康的方向发展。一般来说，客户都喜欢同快乐的人打交道。

5. 保持充分的自信

一个缺乏自信的人，无法给予他人足够的信心。正因为此，我们才说"自信力产生他信力"。通常情况下，客户选择购买，是因为他们相信销售人员的产品能够帮其解决某些问题，如果客户在你的声音中感觉不到你的这份自信，就可能会对自己的购买行为产生犹豫。所以，销售人员要保持充分的自信。

6. 保持语言的连贯

一方面，销售人员说话要流利，不要吞吞吐吐，否则会让客户怀疑你的能力；另一方面，语言连贯还需要销售人员保持说话的逻辑顺序，从而便于客户更好地明白你说话的意思。

7. 拿捏语气的轻重

声音的美感很大程度上来自于声音的轻重，该轻的地方要犹如情人的窃窃私语；该重的时候则如壮士登场，有种"力拔山兮气盖世"的感觉，让人听起来高低分明。因此，销售人员在说话时应该掌握分寸，语气的轻重要恰到好处，做到收放自如。

8. 调整速度的缓急

我们在电话中要根据客户的类型调整语速。一般来说，遇到视觉性的客户时，说话速度就要快一些；遇到听觉型的客户时，语速要缓慢一些；遇到触觉型的客户时，说话速度就要更慢一些。总之我们要以适合对方的说话速度为标准来调整语速。

9. 把握节奏的顿挫

电话销售是一种双向沟通，销售人员在讲完一段话后，要稍微停顿一下，这就暗示给客户一个反馈、表达意见的机会，让客户参与进来，促进双向交流。可以说，适当地停顿，也可以给自己留出一些思考时间。

10. 保持声音的抑扬

声音的抑扬主要指电话销售人员所用的语气和语调，要时而低沉，时而奔放，富于变化。声音有了抑扬，就等于给声音涂上了感情的色彩，从而让电话沟通变得更加丰富多彩。

声音训练：打造你的声音名片

对于电话销售人员来说，打造专属于自己特色的迷人声音，可谓是自己在电话沟通世界中的一张"名片"。我们知道，要产生声音，就需要有一个动力来源。我们在说话时，声音的动力来源就是我们的呼吸系统，当我们吸气的时候，喉部的声带处于打开的状态，方便气息流进肺部；当我们吐气发声的时候，声带就闭合起来，气息通过引起声带的振动，于是就产生了声音。

也就是说，在我们的发声过程中，声音主要是由呼吸系统、共鸣系统、吐字归音系统三部分组成。因此，要练出美妙动听的声音，我们重点从下述三个方面着手：

1. 呼吸训练

声音之所以富于弹性、持久，甚至长时间讲话也不会累，是和源源不断的气息供给联系在一起的，就像汽车的发动机一样，大马力的发动机自然速度比较快一些。声音讲究字正腔圆，需要建立在气息的基础上，才会气贯长虹。同时，气息又取决于人的呼吸方式，不同的呼吸方式决定了气息的长短以及换气的速度、深度与力度。

2. 共鸣训练

声带发出的声音往往是很小的，因此需要共鸣来放大和美化。人体内的共鸣器官主要包括鼻腔、胸腔和口腔等。通过共鸣，我们要努力让自己发出的声音富有美感。

3. 吐字归音训练

语言学家根据传统的分析法，把汉语字音分为声母、韵母和音调三部分，起头的拼音字母叫作声母，其余的拼音字母或字母组合叫作韵母，声高叫做音调，声母、韵母和音调就构成一个汉字的音节，一个音节就是一个汉字的正确读法。

因此，只要你的声母、韵母、音调的发音正确了，吐字归音自然也就清晰了。一般来说，在进行吐字归音训练时，我们可以练习以下绕口令：

"八百标兵奔北坡，炮兵并排北边跑，炮兵怕把标兵碰，标兵怕碰炮兵炮。"

"牛郎恋刘娘，刘娘恋牛郎。牛郎年年念刘娘，刘娘年年恋牛郎，郎念娘来娘恋郎。"

"三山撑四水，四水绕三山，三山四水春常在，四水三山四时春。"

关于吐字归音训练，我们此处不再多举例子，关键是要勤加练习，坚持不懈，相信你最后一定可以打造出完美动听的声音。

电话销售中的措辞要得当

在我国著名喜剧表演艺术家赵本山的不少小品里，往往通过一字、一词之差表达出迥然不同的意蕴，要么让剧中人笑，要么让剧中人跳，从而起到诙谐幽默的效果。举例来说，赵本山在小品《不差钱儿》中把"报答""报恩"与"报销""报复"混起来用，令剧中人时而受用，时而诧异，从而起到了令人捧腹的娱乐效果。通过赵本山的小品，也让我们看到了说话时运用合适词汇的重要性。

同样，在电话销售中，选择合适的词汇，能够更加清晰地表述我们的意图，并起到奇异的效果。比如，我们在销售中会接触到"特价"与"便宜"的概念，那么客户在听到这两个词汇的时候，心里会有什么样的感觉？或许客户会觉得销售人员有点小瞧自己，觉得自己只能买得起便宜货。但是当客户听到"三周年店庆优惠大促销"与"性价比好"时，会让客户觉得自己赶上了购物的好时机，以及购物眼光准，买到了物美价廉的好商品。

可见，选择合适的词汇，有助于销售人员和客户的无障碍沟通。我们接下来列举几个例子，从而使大家的印象更深刻。

1. 将"签字"调整为"确认"

一般来说，"签字"是个压力较大的词汇，而且容易让客户联想到责任，因此需要"签字"的文件往往是需要仔细查看的。同时，如果客户小心谨慎地看你发给客户的协议，客户往往会发现很多问题，从而在无形中为销售设置障碍。相对而言，"确认"就好像客户的下述给他打报告一样，只不过是例行公事罢了，这样的话，客户的警惕性就会降低很多，也利于销售成交的开展。

2. 将"但是"调整为"同时"

当客户提出一个好的建议或者想法时，如果电话销售人员在讲话中用到"但是"，相当于全盘否定客户之前的良好建议，可能会让客户心里不是很开心。如果电话销售人员说"您的想法很好，同时我觉得……"，就会显得你认可了客户之前说的话，并给出补充，客户听着也就舒服多了。

3. 将"提成"调整为"服务费"

通常在快成交的时候，客户总是会问："做成这笔生意，公司给你多少提成？"假如销售人员说没有提成、没有任何好处，客户一定不相信，认为你在说假话；但是你若说出有提成，比如做成一单提成300元，客户可能会想"原来这个家伙对我态度这么好是为了挣提成，说不定他为了挣提成故意夸大事实呢"，这样的话，原本要成交的生意，可能也会随之泡汤。

如果电话销售人员回答"多亏您的支持，公司会给我们一定的服务费，以便于为客户提供更好的服务"，这时，客户听到"服务费"，想到销售人员忙忙碌碌地为自己提供服务，也会心安理得，就像到餐厅就餐时给服务员小费一样，即便给了也会觉得开心。

高效接听客户电话的说话技巧

很多人觉得给客户打电话难，接听客户的电话可谓小事一桩，然而实际上，高效接听客户的电话并不是一件很容易的事情。客户既然愿意主动打电话过来，就表明客户是有需求的，而且对你所在的公司也有一定的信任度。同主动拨打陌生电话相比，接听电话可以让销售人员省去寻找客户资料、绕过前台或总机、建立客户对公司的信任度等销售步骤。

通常情况下，很多公司都会把接听电话放在全公司最基础的位置，当有新的员工加入公司时，大都会先从训练员工如何有效接听客户的来电开始，一直到这位员工能够熟练接听客户电话的方法与步骤，然后才会安排这位员工去做别的事情。

据统计，接听好1通客户电话所带来的潜在收益差不多相当于100通陌生外呼所带来的可能收益。产品的价值越高，悬殊越大，两者之间的收益差别甚至可以达到100倍以上。

一般来说，在接听电话时，电话铃响2~3声之后，电话销售人员应拿起听筒。这是因为，如果电话铃声一响，我们就拿起电话，不符合客户的正常反应，会令客户产生十分突兀的感觉；若电话铃响时间太长，又显得不太礼貌。

销售人员在接起电话时，可以说："您好！××公司，有什么可以帮到您的？"如果客户已经打到销售人员的分机号码，销售人员则可以加上对自己的介绍:"我是××,您是哪位?"

很多时候,电话一接通,客户就会发问:"请问你们这里是做××业务的吗?"无论客户咨询哪方面的内容,电话销售人员在接听电话的一开始都不需要急着给客户做介绍,而是先了解客户的具体称呼才是关键。

如果客户第一句讲:"请问你们是做微信开发的吗?"电话销售人员的回答应该是:"是的,请问先生贵姓,怎么称呼您比较好?"这样的话,销售人员就把话题转移到了解客户的姓名上,而不是急着介绍自己的产品。

当客户在做自我介绍时,销售人员需要表达类似"好的,您稍等,我拿笔记一下"的意思,并一定要让客户知道你在专心拿笔记住他的姓名。对于客户来说,这是对客户极大的尊重,并便于在客户和销售人员之间快速建立起信任感。

当销售人员知道客户的姓氏(比如姓张)或姓名时,接着可以问:"我是称呼您张经理、张总还是张先生比较好呢?"如果客户回答"都可以",就极有可能暗示出客户是公司的高层,是有购买决策权的人,同时也说明该公司的规模应该不大,否则公司的高层领导不会亲自主动打电话过来咨询,而是交给下属办理就可以了。

总的来说,接听销售电话对于任何公司而言都是非常重要的,也是销售人员提升个人业绩的重要途径,对此,我们要潜心练习。

把说话当成艺术来锤炼

对于一个渴望成功的电话销售人员来说，学会组织说话内容的先后顺序，并能很好地表达出来，是非常重要的。古人说"一言兴邦，一言丧邦"，其实在电话销售中，有时说话得当，就能促成订单；若说话不得当，就可能错过成交机会。因此，优秀的电话销售人员总是能够把说话当成一门重要的艺术来锤炼。接下来，我们提供几个说话技巧供大家参考。

1. 善用前奏

前奏通常是指电话销售人员告诉客户，自己是为了客户着想，若客户回答自己的讲话，是有回报的。比如"为了帮您找到最适合的解决方案，我可以提一个问题吗"，其中"为了帮您找到最适合的解决方案"就是一种前奏。

2. 先说好听的

人都有先入为主的概念。客户若是一开始就听到好消息，那么对客户的心理暗示就会朝着正向发展；客户若是一开始就听到坏消息，那么客户的心理暗示就可能朝着负向发展。因此，我们应该先说好听的话，给客户以积极的心理暗示。

3. 发挥幽默的力量

俗话说"笑一笑十年少"。如果你能够在电话沟通里使用幽默的说话方式，让客户会心一笑，那么客户的心情自然会变得大好。在客户心情好的时候，自然也不会就一些小事与销售人员进行纠缠，从而更容易做出对电话销售人员有益的决定。

4. 换个说话的角度

任何人在说话的时候，都可以归纳为两种角度，一是站在自己的角度，二是站在别人的角度。通常来说，人们都喜欢站在自己的角度看问题，客户同样如此，并且希望销售人员也能够设身处地站在客户自己的角度看问题。因此，销售人员如果能站在客户的角度看问题，就能更易于让客户接受你的观点。

5. 找个陪衬

俗话说："一件东西好不好，比过才知道。"事物总有相对性，如果一个身高1.70米的人站在一个身高1.90米的人旁边，就会显得矮小很多，若站在一个身高1.60米的人旁边，就会显得"高大"起来。所以，销售人员在介绍自己的产品时，不妨与其他产品的相对劣势做个比较，从而增强自己产品的说服力。

6. 多使用数字证据

很多时候，我们使用数据比使用笼统的说法更有说服力。举例来说，不少香烟上印有"吸烟有害健康"，可是仍有很多人对此熟视无睹；若是有人告诉你"吸烟可以使您患上癌症的概率比普通人高180%，患上心血管疾病的概率高260%，使您看不到孙子长大的概率高286%"，相信这些"有数据有真相"的措辞会给人们更深刻的感触。

7. 多用贴切的比喻

比喻是借一种事物来解释另一种事物，这两种事物之间可能有很大的相似性，由于大家较熟悉前者，从而使得大家能够很快地明白后者的意思。比如，客户看到一套软件功能丰富，却又担心操作复杂，难以熟练掌握，这时，销售人员可以打个比喻："就像您新买了手机一样，刚买的时候觉得功能很多，担心不能熟练使用，但是在您使用几天后，手机的操作也就完全熟悉了。"这样的话，借用手机操作来比喻，客户也能很容易接受。

8. 举例说明

人们往往有从众心理，不管销售人员讲得多好，但若告诉客户"您是第一个使用的"，客户在心里可能会打退堂鼓，毕竟做"第一个"是要承担风险的；你若是告诉客户"现在很多人在用，反馈效果很好"，客户在接受时就会更加放心。

9. 借用权威的力量

一般来说，人们天生对权威有种信赖心理。所以，借用权威的力量，可以使销售人员的说服力大大增强。比如，销售人员说"该产品经过某权威机构检测认证"类的说辞，有助于增强客户的购买决心。

10. 激发客户的保护欲望

这种方式通常比较适用于女性电话销售人员。比如，销售人员对客户说"大哥，我这个月差一单就可以完成任务了，请您帮帮我吧"，基于男性天生对女性的保护心理，在听到销售人员这样说时，客户就会形成一种想要帮助女销售人员的自然心理反应。

好声音离不开好情绪

作为电话销售人员，你有没有在烦恼、伤心、难过的情绪下给客户打过电话呢？有没有在舒服、开心、快乐的情绪下给客户打过电话呢？如果有，你不妨对比下，看在这两种情绪下销售同一款产品，哪个效果更好。

一般来说，人在情绪好的时候，声音会更充满善意和热情，从而有更强的亲和力。相反，你在烦恼、忧愁，对电话沟通充满恐惧时，会发现自己的声音有气无力、毫无生机，说起话来甚至都有些结结巴巴。在这种情况下，你可能连自己都说服不了，又怎能指望说服客户呢？因此，在打电话时，让自己有个好情绪，真的很重要。

那么，人的情绪是怎样产生的呢？一般经过"外界刺激→思考方向→身体语言→最终情绪反应"的流程。通常情况下，外界发生的刺激是我们无法改变的，正如我们无法阻挡刮风下雨一样，我们每天面对不同的客户，每个客户的情况又不尽相同，客户给予我们的刺激是我们无法控制的，但是我们却可以调整自己的思考方向，朝着积极正面的方向发展，从而调整自己的身体语言（如语气、语调、说话内容等），改变我们的情绪。

我们在这里主要介绍两种情绪调整方法，其具体内容如下：

1. 转换思考方向法

在电话销售中，销售人员普遍容易遭受客户的种种拒绝，甚至偶尔会遭受客户的粗暴对待，这时候销售人员若自我调节不当，可能会进入烦恼、泄气、伤心、痛苦的负面情绪中。

打个比方，如果你在电话中遭受到客户莫名其妙的一通痛骂，与之相对应的正常思维模式就是伤心和失望，这种正常的思维模式就将你的情绪引到负面方向，进而影响到与下一位客户的沟通。

这时，你可以通过自我提问，来转换自己的思考方向。比如，你在思考"我怎么这样倒霉"的问题时，很可能使你的情绪低落起来；相反，你在思考类似"我在电话销售过程中遇到的最开心、最快乐的事情是什么"等问题时，就可能给自己以建设性的、积极健康的心理暗示，从而"经营"好自己的情绪。下面列举几个问句，有助于调整自己的负面情绪转向积极乐观的方向：

"在这件事情上，我能看到有什么好的一面？"

"沮丧、伤心、害怕、逃避可以解决问题吗？"

"我能够从中学习到什么，进而让我下次不再犯类似的问题？"

2. 调整身体语言法

电话销售人员主动调整自己的身体语言，包括呼吸、面部表情、肢体动作等，也可以改变自己的情绪。我们可以参考下面的做法：

（1）当你有意识地面带微笑、表情非常亲切友善时，你的内心会产生好的情绪，甚至会真的兴高采烈起来。

（2）当你有意识地放松肌肉并且深呼吸时，你可以与内心的恐惧感相抗衡，从而变得自信起来。

（3）当你保持挺直和自信的姿势，用很稳定的声音说话时，你会觉得更有勇气，也更坚强。

当你处于一种能令你发笑的情绪中时，你身体中的生物机制已经开始运转，让你的情绪就起好起来。

电话销售基本礼仪测试

请根据您的感觉，在对应的答案上面打"√"。

测试题目	是	否
1. 打电话时，我会问"您现在接电话方便吗"		
2. 尽量使用尊称是我的习惯		
3. 礼貌用语是我的习惯		
4. 打电话的时候，我尽量不影响身边的人		
5. 接听电话时，我是在响铃3～4声的时候接听		
6. 重要的信息，我总是告诉客户我要拿笔记录一下		
7. 如果有约定，我从不失信于人		
8. 在节假日的时候，我总是会问候客户"节日快乐"		
9. 从来不和客户发生争论		
10. 有赞美别人的习惯，会留心照顾他人的面子		

测试评分：

8~10个"是"：你是一个很有礼貌的人，客户很喜欢你。

5~7个"是"：大部分情况下你能表现出风度，但是偶尔也会失礼于人。

0~4个"是"：你的电话礼仪急需改变，请参考他人正确的做法。

电话销售声音控制测试

请根据您的感觉，在对应的答案上面打"√"。

测试题目	是	否
1.说话的时候，我总是面带微笑		
2. 打电话时，我总是保持正确的坐姿或者站姿		
3. 我能够根据客户的说话速度，调整自己的说话速度		
4. 语调富于变化，时而奔放，时而低沉		
5. 吐字清晰，能让对方听得很清楚		
6. 声音中包含自信与热情，可以感染对方		
7. 节奏感很强，能够不时地适当停顿一下		
8. 听筒总是贴近耳朵，而话筒与嘴唇保持一个拳头的距离		
9. 音量合适，不会很高或者很低		
10. 经常有人赞美说我的声音很好听		

测试评分：

8~10个"是"：你的声音表现很优秀，这是你的巨大优势。

5~7个"是"：你的声音表现不错，但是感染力仍需加强。

0~4个"是"：请训练你的声音，就从现在开始。

电话销售情绪掌控测试

请根据您的感觉，在对应的答案上面打"√"。

测试题目	是	否
1. 我很害怕和陌生的客户交流		
2. 我很喜欢和别人谈论类似"电话销售很难做"的话题		
3.我总觉得自信心不够		
4. 客户很粗鲁地拒绝我时，我的心情半天都很难过		
5. 遇到不开心的事情，我总是将它闷在心里		
6. 遇到无理取闹的客户时，我很烦恼		
7. 一到公司，我就很紧张，拿起电话更加紧张		
8. 舌头总是很僵硬，总觉得无精打采		
9. 早会或者午会时，激励的活动我不想参与		
10. 从来没有自问过类似"是否还有好的一面"的问题		

测试评分：

7~10个"是"：你的情绪管理能力一团糟，电话销售对于你来讲是一份不快乐的工作。

3~6个"是"：你渴望拥有健康快乐的心情，不过有时却感到难以控制自己的情绪。

0~2个"是"：你是办公室的开心果，总是满面春风。

电话销售提问能力测试

请根据您的感觉，在对应的答案上面打"√"。

测试题目	是	否
1.提问之前我先获得提问许可，如"我可以提一个问题吗？"		
2.前奏是我经常使用的，如"为了帮您找到最好的……"		
3. 我的提问有层次感，如从小的问题延伸到大的问题		
4. 电话中我提问的次数要比陈述的次数多		
5. 我按照客户购买的逻辑顺序组织我的提问顺序		
6. 我的提问简洁，但是直击要害		
7.我清楚提问的种类，并知道在何种情况下如何使用		
8. 我设计了很多提问的问句，并记录在笔记本上		
9. 我提问之后，客户愿意从正面回答，而不是转移话题		
10.对我有利而对客户不利的问题，如果必须问，我会设计最少的问句		

测试评分：

8~10个"是"：恭喜你，你的提问能力很好。

5~7个"是"：恐怕你的提问方向与方法还需要找准要点。

0~4个"是"：请你马上致力于提升自己的提问能力，要知道，一位电话销售人员的提问能力决定了其业绩的高低。

电话销售倾听能力测试

请根据您的感觉，在对应的答案上面打"√"。

测试题目	是	否
1. 在倾听中，我十分关注对方透露出来的情感		
2. 我总是面带微笑听别人说话		
3. 一般情况下，我很少中途打断别人说话		
4. 在倾听之后，我会给予反馈，比如"对""然后呢"		
5. 我总能听出对方的言外之意		
6. 听完之后，我能总结出对方表达的主要意思是什么		
7. 即便对方讲到不利的事情，我也尊重对方		
8. 我的态度总是很热情，而且对方能够感受到		
9. 倾听后，我能通过主动提问引导对方		
10. 听到重要信息时，我会留心做记录		

测试评分：

8~10个"是"：你是一位优秀的倾听者，能够通过有效的倾听与对方建立良好的关系。

5~7个"是"：你表现出了一定的倾听能力，但是仍然有很多地方需要加强。

0~4个"是"：你的倾听能力急需加强，请努力改善！

让善言善行成为你销售中的一种气质

三国时期的刘备在白帝城托孤时，曾对后主刘禅谆谆教诲道："勿以恶小而为之，勿以善小而不为。"今天看来，刘备的话对我们仍有很重要的价值。应该说，一个人是做"善"，还是做"恶"，主要是通过"言"与"行"展开的。

俗话说："良言一句三冬暖，恶语伤人六月寒。"对于电话销售来说，语言的力量更是不可小觑，堪称"一言可以成单，一言可以丢单"。要想积极争取成交的机会，规避不必要的失误，销售人员就一定要把话说好，把事做到实处，总结起来就是"善言善行"。

总的来说，当今市场竞争是比较激烈的，传统的"一锤子买卖"，即不在乎新客户能否转化为老客户、忠诚客户，而是片面地重视一次成交率的销售方法，面临着"竭泽而渔"的市场危机。在当今互联网时代，你如果冷遇或者伤害了一位客户，那么经由客户"自媒体"的传播，你很可能会在瞬间失去很多潜在客户。

因此，"善言善行"不仅是做人做事的态度，也是电话销售人员工作能力的一种体现。有句谚语说"群众的眼睛是雪亮的"，同样，如果你长期坚持"善言善行"，经过点滴积累，最终就会形成良好口碑，进而在你的客户群体中树立起良好的品牌形象，从而源源不断地给你带来价值。

其实，做到"善言善行"并不是十分困难的事，关键是要调整好自己的心态。比如，在每次与客户的通话中，都要善待客户，一旦承诺的事情就要努力兑现。举个例子，有位销售人员在给客户打电话时，与客户约好某天某个时间再打过去电话，可是到那天时却忘了，后来再给客户打电话时，便会给客户留下"不靠谱"的印象。这位销售人员就没有做到"善言善行"。

在电话销售中，不要觉得你和客户之间互相看不见，就认为客户无法感知你的"善言善行"。电话沟通，不仅仅是声音与声音的交流，更是心与心的交流。如果你不能由内而外地对客户"善言善行"，又怎能打动客户的心，并且让客户与你推心置腹呢？

因此，作为电话销售人员，务必要在工作中做到善言善行，而且还要将其当成我们一生修炼的提升自我的永恒课题。